AF281537

Tagebuch

des

Generalmajors von Warnsdorf

28.07. - 03.12.1813

Beiträge zur sächsischen Militärgeschichte zwischen 1793 und 1815

Heft 87

Abb. 01   das Wappen derer von Warnsdorf

Tagebuch

des

Generalmajors von Warnsdorf

28.07. - 03.12.1813

Bibliographische Information der Deutschen Bibliothek

Die Deutsche Bibliothek verzeichnet diese Publikation in der Deutschen Nationalbibliographie; detaillierte bibliographische Daten sind im Internet über http://dnb.ddb.-de abrufbar.

Die Deutsche Bibliothek – CIP – Einheitsaufnahme

Jörg Titze (Hrsg.)

Tagebuch des Generalmajors von Warnsdorf

28.07. - 03.12.1813

ISBN: 978-3-7693-3957-4
© 2025 Jörg Titze

Verlag:

BoD · Books on Demand GmbH, In de Tarpen 42,

22848 Norderstedt, bod@bod.de

Druck:

Libri Plureos GmbH, Friedensallee 273, 22763 Hamburg

Inhaltsverzeichnis

1.   Einleitung

In diesem Heft wiedergegeben werden

a) das „Diarium gehalten von dem Herrn General-major[1] von Warnsdorff, Festung Königstein a.d. 1813" und

b) Auszüge aus den vom 24.08. - 05.10.1813 an den Generalleutnant von Gersdorff gesandten Rapports.

Heinrich Ernst August von Warnsdorff[2] (* 15. März 1753 in Rodewitz bei Hochkirch/Oberlausitz; † 07. April 1815 auf der Festung Königstein) hatte am 28.08.1813 das Kommando der Festung Königstein in Vertretung des auf Urlaub gehenden Generalleutnant von Zeschau übernommen. Warnsdorff war zu dieser Zeit Oberst und Kommandant des Regimentes Leib-Grenadier-Garde[3].

---

[1] 1768 Unteroffizier, 1769 Sousleutnant, 1778 Premierleutnant, 1787 Capitain, 27.11.1805 Major, 1809 Oberstleutnant, 22.02.1810 Oberst, 1813 Generalmajor

[2] Von Warnsdorff war der Sohn des kursächsischen Hofrichters des Markgrafenthums der Oberlausitz, Johann August von Warnsdorff (* 22. Februar 1721 in Rodewitz; † 12. Juni 1772 in Sornßig bei Bautzen) und dessen 1746 geheirateter Ehefrau Helena Johanna geb. von Metzradt († 1758). Die Großeltern väterlicherseits waren Friedrich Moritz von Warnsdorff auf Rodewitz und Pomritz (* 19. Dezember 1696; † 24. April 1730), Stammherr der Ahnlinie auf Rodewitz und dessen Ehefrau Sophie Tugendreich geb. von Ziegler und Klipphausen aus dem Hause Obercunewalde (* 10. September 1702), die nach dem Tod des Großvaters in zweiter Ehe den Oberaufseher der Ämter Dobrilugk (Doberlug) und Finsterwalde, Caspar Ernst von Metzradt († 1775) heiratete.

[3] Das Regiment Leib-Grenadier-Garde stellte für den Herbstfeldzug 1813 ein mobiles Bataillon zu sächsischen Truppenkorps unter Kommando des Major von Jeschki.

Auf dem Deckblatt des Diariums findet sich folgender Hinweis: „*Vorliegende Abschrift ist nach einem, im Archiv des Kriegsgerichtes der Festung Königstein befindlichen, ebenfalls abschriftlichen Faszikel, im Jahre 1844 gefertigt worden*".

Mögliche Fehler bei der nunmehr dreimaligen Übertragungen können - trotz der Sorgfalt aller Übertragenden - nicht ausgeschlossen werden.

Dem interessierten Leser wünsche ich eine kurzweilige Lektüre.

Eilenburg im Januar 2025

Ihr

Jörg Titze

2. Diarium gehalten von dem Herrn General-Major von Warnsdorf - Festung Königstein a.d. 1813

Den 28ⁿ Juli 1813   Nachdem Se. Königl. Majestät von Sachsen dem bisherigen Kommandanten der Festung Königstein Herrn Generalleutnant von Zeschau mittelst Allerhöchster Order vom 26ⁿ d.M. einen vierwöchentlichen Urlaub zum Gebrauch des Bades zu Tharandt bewilligt, so wurde das Kommando auf hiesiger Festung dem Kommandanten der Leib-Grenadier-Garde, Herrn Obersten von Warnsdorf, während dessen Abwesenheit übertragen und von letzteren unter heutigen Dato übernommen.

Dem Capitaine von Rau, von Generalstabe, wurde nach dem Abgang des Capit: von Nostitz, die Funktion des Platzmajors auf hiesiger Festung übertragen.

Den 29ⁿ Juli   Unter Begleitung des Herrn Generalleutnant von Gersdorf besahen mehrere Generals und Offiziers der französischen und verbündeten Armeen die Festung; unter andern der Div:general Belliard, die Brigadegenerals von Schaeffer und Graf Beraldingen, ersterer von der badischen, letzterer von der würdenbergischen Armee, sowie der würdenbergische Minister am Sächsischen Hofe, Baron von Linden.

Den 30ⁿ Juli   Der Herr Generalleutnant von Zeschau verließ diesen Morgen die Festung, bei welcher Gelegenheit die Garnison versammelt war.

Der französische Brigadegeneral Pelet besah die Festung.

Den 2ⁿ August   Auf Verlangen des französischen General Rouguet, Kommandant des verschanzten Lagers am Lilienstein, wurde aus den Vorräten der Festung eine Quantität Schanzzeug durch den Capit: Semder verabfolgt.

Den 6n August   Der polnische Major Satuky brachte 4 Kisten mit topographischen Karten und Zeichnungen auf die Festung in Verwahrung.

Den 7n August   Durch den Hofrat Block wurden auf Allerhöchsten Befehl 6 Kisten des auf der Festung in Verwahrung befindlichen grünen Gewölbes nach Dresden abgeholt.

Der Kandidat Stechmann hielt seine Probepredigt, nach welcher ihm durch den Kommandanten die Vocation als Festungsprediger eingehändigt wurde.

Den 9n August   Das Napoleonsfest, welches militärischer Verhältnisse halber, dieses Jahr auf Befehl des Kaisers von Frankreich, statt den 15n den 10n August gefeiert werden sollte, wurde auch auf hiesiger Festung bereits diesen Abend durch 21 Kanonenschüsse angekündigt. Eben so viel Schüsse geschahen auch zu gleicher Zeit in dem verschanzten Lager am Lilienstein.

Die Division Rouget marschierte diesen Morgen aus dem Lager und von Königstein ab, und nahm den Weg nach Pirna.

Den 10n August   Früh um 5 Uhr verkündigten 21 Kanonenschüsse die Feier des heutigen Napoleonsfestes, welche durch die Artillerie am Lilienstein erwidert wurden. Mittags um 12 Uhr und Abends $1/2$ 8 Uhr geschah eine gleiche Salve der Artillerie auf der Festung und in den Lager, und bei der des Mittags, feuerte die hier garnisonierende Infanterie an der Königsnase, 3mal mit kleinem Gewehr.

Die Garnison bekam heute eine doppelte Fleischportion.

Die Friedrichsburg wurde erleuchtet.

Die französischen Offiziers von der Artillerie und vom Genie gaben ein Dinée, zu welchen der Kommandant und mehrere Offiziers der Festung eingeladen wurden, nach demselben wurde ein Feuerwerk abgebrannt.

Vermöge einer Allerhöchsten Ordre vom gestrigen Tage sollte das Archiv des Herzogtums Warschau auf der Festung in Verwahrung genommen werden — Durch die beiden Ministerialräte Fischer und Milinowsky wurde es auch heute in 86 Kisten überliefert.

Den 11n August   An die Stelle der am 9n d.M. aus der hiesigen Gegend abmarschierten Division Roquet rückte heute die Division Dupas in das Lager am Lilienstein und überhaupt 12,000 Mann stark zwischen Ottendorf und Königstein ein.

Der Div:general Dupas nahm sein Hauptquartier im Städtchen Königstein.

Den 13n August   Der Capitaine von Nostitz vom Generalstabe überbrachte diesen Morgen die Nachricht, daß der Waffenstillstand zwischen den Kriegführenden Mächten aufgekündigt sei. Der Kommandant musste einen Etat eingeben, was der Festung für 6 Monate an dem Bedarf an Proviant und andern Bedürfnissen mangelt.

Den 14n August   Auf Befehl Se. Exzellenz des Grafen Marcolini wurde durch den Kammerdiener Blaßmann ein Teil der hier in Verwahrung befindlichen Königl. Schatullgeldern nach Dresden abgeholt.

Den 15n August   Abends passierten Se. Majestät der Kaiser von Frankreich auf seiner Reise zur Armee, von Dresden kommend, bei hiesiger Festung vorbei, besah die Werke des verschanzten Lagers, und setzte sodann seine Reise, nach Hohenstein zu, fort.

Den 16n August   Se. Exzellenz der K. K. französische Reichsmarschall Gouvion St. Cir, und der in Königstein kommandierende General Mouton Duvernet besahen die Festung.

Von der Königl. Bairischen und Westphälischen Gesandtschaft, so wie von Se. Exzellenz dem Minister Einsiedel, wurden mehrere Kisten auf die Festung in Verwahrung geschickt.

Den 17n August   Von der französischen Domainen Direction desgl. von der franz. Gesandschaft beim Herzogtum Warschau wurden mehrere Kisten zur Aufbewahrung auf die Festung gebracht.

Der Hofrat Block brachte 6 Kisten zum grünen Gewölbe gehörig, auf die Festung in Verwahrung.

Der Oberstleutnant von Liebenau vom Regiment Prinz Friedrich August traf auf der Festung ein, und übernahm das Kommando über das hier befindliche Infanterie Detachement.

Den 19n August   Der Capitaine von Römer übernahm die Funktion als Platzmajor auf hiesiger Festung.

Den 20n August   Durch den Kammerdiener Blaßmann wurde ein Koffer mit Königl. Juwelen auf die Festung gebracht.

Den 21n August   Die Königl. Silberkammer wurde auf die Festung in Verwahrung gebracht.

Auf Befehl Se. Exzellenz des K. K. französischen Reichsmarschalls Gouvion St. Cir rückte diesen Abend gegen 8

Uhr ein Bataillon des 27^e leichten Infanterieregiments zur
Verstärkung der Garnison auf hiesiger Festung ein. Dasselbe bestand aus   1 Bataillonschef
                               14 Offiziers und
                               450 Unteroffiziers und
                                   Gemeinen;
es wurde in die Magdelenenburg gelegt.

Kurz darauf kam noch 1 Offizier und 19 Mann von der
französischen Artillerie hier an.

Von heute an bekam die ganze Garnison volle Verpflegung.

Der Herr Generalleutnant von Zeschau machte dem
Kommandanten bekannt, daß ihn Se. Majestät der König
mittelst Allerhöchster Ordre vom gestrigen Dato des bisher geführten Interims-Kommando auf der Festung Königstein entlediget und ihm anbefohlen habe, sich nach
Dresden zu begeben.

Den 22^n August   Früh um 10 Uhr sah man in
der Gegend von Berggießhübel eine Kanonade, einige
Stunden später zog sich dieselbe bis in die Gegend von
Cotta und Zahist; ein Beweis, daß das in der Gegend von
Berggießhübel stehende Korps seine Position am Laden-
berg verlassen und sich zurückgezogen hatte.

Es wurden von der Festung 2 Feldjäger abgeschickt, um
Nachrichten deshalb einzuziehen. Diese waren bis Zahist
gekommen, wo sie die Franzosen in voller Retraite getroffen hatten.

Die am Lilienstein stehende französische Division marschierte bei der Festung vorbei und stellte sich in der Gegend von Krieschwitz auf.

Auf Befehl des Kommandanten wurden zwei 6pfd.ge Kanons im Horn zur Verteidigung des Einganges platziert und die Außenwerke durch 1 Offizier und 50 Mann Sachsen und 1 Offizier und 50 Mann Franzosen besetzt. Die rote Brücke wurde abgetragen.

Gegen Abend griff der Feind die bei Krieschwitz stehende französische Division an, und da sich das Feuer der Festung näherte, so trat die ganze Garnison unters Gewehr, ging jedoch um 9 Uhr, da man nichts mehr hörte, auseinander.

Bei Einbruch der Nacht zog sich die französische Division von Krieschwitz bis unter die Kanonen der Festung, biwakierte an der neuen Schenke und kehrte den andern Morgen gegen 3 Uhr ins Lager zurück.

Den 23n August   Die diese Nacht im Horn gestandenen 100 Mann gingen früh um 7 Uhr wieder ab.

Der Kommandant schickte diesen Morgen eine Patrouille von 2 Feldjägern über Struppen nach Pirna ab, um Nachrichten vom Feinde einzuziehen. Gegend Mittag zeigten sich die ersten Kosakenpatrouillen auf den Höhen hinter der Papiermühle, Thürmsdorf und Weißig. Links auf dem halben Wege nach Struppen stellte sich ein Kosakenvorposten auf, so wie ein anderer dergleichen auf der Höhe rechts hinter der Papiermühle.

Die Hornwacht wurde durch 50 Mann verstärkt und die beiden in diesem Außenwerk stehenden 6pfd.gen Kanons mit Bedienung versehen.

An die Stelle der abgetragenen roten Brücke wurde eine Laufbrücke zum wegziehen erbaut.

Zur Bestreichung des Weges nach Schandau und Pfaffendorf wurde eine Haubitze auf der Königsnase platziert.

Die Batterie auf der Georgenburg wurde mit Bedienung versehen, welche den Tag über stehen bleiben musste. Die diesen Morgen nach Pirna abgeschickte Jägerpatrouille kam erst gegen Abend zurück. Sie war bis in die Gegend von Pirna gekommen, dann aber durch Kosaken vom Rückwege abgeschnitten und dadurch genötigt worden, sich auf der andern Seite der Elbe übersetzen zu lassen. Pirna und die ganze umliegende Gegend war durch feindliche Truppen besetzt gewesen.

Den 24n August Der Kommandant gab Befehl, daß stets vor Schließung und nach Öffnung der Tore 4 Feldjäger um die Festung herum patrouillieren mußten. Der Kommandant vom Genie in Königstein, Oberstleutnant Dehou, hatte die Nachricht bekommen, daß es schien, als wenn der Feind auf der Höhe der Ziegelscheune eine Schanze aufwerfen wollte. Es wurde sofort ein 8pfd.ger Haubitz auf das Horn gebracht, und 2 Grenaden auf diesen Punkt geworfen, dann aber ein Kommando von 2 Offiziers und 50 Mann über Thürmsdorf dahin geschickt, welche weder auf feindliche Truppen stießen noch etwas von einer Verschanzung entdeckten.

Gegen Mittag näherte sich ein Trupp Kosaken, ungefähr 20 Mann stark, auf der Bergstraße der Festung. Dem Anschein nach war ein Offizier dabei und ihre Annäherung mochte eine Rekognoszierung zum Zweck haben. Als sie bis auf Kanonenschussweite heran waren, ließ der Kommandant aus den zwei 18pfd.gen Kanons auf der Georgenburg zweimal und aus einem 6pfd.gen Kanon dreimal auf sie feuern, worauf sie sich sogleich zerstreuten und eiligst zurückkehrten.

Der Kommandant gab Befehl, daß immer einige Jäger mit Wallbüchsen das nahe liegende Terrain um die Festung herum von oben herab beobachten mussten.

Der französische General Duvernet benachrichtigte den Kommandanten, daß er den Befehl erhalten habe, sich mit seiner Division nach Pirna zu begeben. Er läßt 6 Bataillons unter den Befehlen des General Creutzer zurück, wovon zwei das Débouché bei Hohnstein beobachten, die übrigen 4 Bataillons aber zur Bewachung des verschanzten Lagers bestimmt sind.

Diesseits Struppen entdeckte man ein Lager von 1 Bataillon feindlicher Infanterie und zwischen diesem und der Festung, auf dem nach Struppen führenden Wege, einen Infanterievorposten von ungefähr 10 Mann. Der Kommandant ließ ein 24pfd.ges Kanon auf das Horn bringen und dreimal auf den feindlichen Infanterievorposten schießen, worauf derselbe sogleich zurückging, sich aber später wieder, jedoch entfernter von der Festung, aufstellte. Hinter Struppen entdeckte man eine aufgefahrene Batterie.

Der französische General Creutzer kam auf die Festung, um sich mit dem Kommandanten wegen der zweckmässigsten Maßregeln für die Verteidigung des Festung zu besprechen. Auf seine Veranlassung wurde während der Nacht aus einem Haubitz von der großen Elbbatterie nach dem Débouché an der Ziegelscheune 13 Leuchtkugeln geworfen. Da diesseits der Elbe alle Kommunikation mit Dresden unterbrochen war, so schickte der Kommandant auf dem jenseitigen Elbufer einen Feldjäger an den Hrn. Generalleutnant von Gersdorf.

Von heute an wurde die Festung um 8 Uhr geschlossen.

Den 25ⁿ August   Der Kommandant bekam die Nachricht, daß Se. Majestät der Kaiser Napoleon von Bautzen über Stolpen nach Königstein kommen würde.

Der Divisionsgeneral und Kommandant vom Genie der Garde, kam hier an und schickte, nachdem er über den Stand der feindlichen Truppen und über die am 22ⁿ vorgefallene Bataille Nachrichten eingezogen hatte, eine sächsische Kavallerieordonnanz mit einem Rapport an den Kaiser nach Stolpen.

Dieser General besah sich die Festung und ging sodann in das Lager am Lilienstein.

Der Kommandant bekam die Nachricht, daß die Russen auf den Höhen von Weißig eine Batterie aufgeführt hätten; in Struppen sollen sie Äxte requiriert haben, um bei Raden[4] Flössen zu einem Übergang über die Elbe zu bauen. Der Kommandant setzte hiervon sogleich den französischen General in Königstein in Kenntnis.

Bei Struppen sah man diesen Morgen ein Lager von feindlicher Kavallerie und Infanterie, auch war der Vorposten auf dem Wege dahin bedeutend verstärkt.

Der französische General Creutzer wünschte bestimmte Nachricht zu haben, was für feindliche Truppen in Schandau stehen; es wurde sofort ein Spion dahin abgeschickt.

Um 2 Uhr Nachmittags traf hier von Dresden ein Feldjäger ein, der Generalleutnant von Gersdorf wünschte durch denselben Nachrichten von der Festung.

Der General Vandamme kam mit mehreren andern französischen Generals auf die Festung, um diese zu bese-

---

[4] Rathen

hen. Sein Korps, bestehend aus 8 Divisionen, wird morgen in hiesiger Gegend ankommen.

Der nach Schandau geschickte Spion kam gegen Abend zurück und brachte die sichere Nachricht, daß in Schandau gar keine feindlichen Truppen stünden; einige Kosakenpatrouillen waren daselbst gewesen.

Auf die große Elbbatterie wurde ein 32pfd.ger Mörser gebracht, um in dieser Nacht Leuchtkugeln aus demselben zu werfen. — Es wurden derer 5 geworfen.

Den 26n August Früh um 2 Uhr benachrichtigte der General Vandamme den Kommandanten, daß er mit Tagesanbruch den Feind angreifen und aus der Umgebung der Festung werfen wolle. Er veranlaßte denselben zugleich, ihn, wo es tunlich sei, mit dem Geschütz der Festung zu unterstützen und selbst auf einzelne Kosakentrupps von 10 und 12 Mann zu feuern.

Nach der erhaltenen Weisung des Generals Grafen Vandamme, gab der Kommandant sogleich den Befehl, daß früh um 4 Uhr sämtliche Artillerie zur Bedienung des Geschützes verteilt sein musste; das Detachement Feldjäger bekam den Befehl, um eben diese Zeit zum Ausrücken bereit zu sein.

Sobald es Tag geworden war, defilierten die in dem verschanzten Lager am Lilienstein stehenden Truppen /: 4 Bataillons Infanterie :/ über die Schiffbrücke, 2 Bataillons links um die Festung herum und marschierten auf denen hinter der Papiermühle nach Krieschwitz zu liegenden Höhen in geschlossener Kolonne auf, 2 Bataillons stellten sich bei der neuen Schenke auf, und von beiden Teilen gingen sogleich die Tirailleurs vor.

Die feindlichen Vorposten wurden durch selbige auf ih-
rem rechten Flügel bis in die Gegend von Krieschwitz und
auf dem linken bis Struppen zurückgedrängt. Die französische Infanterie blieb auf beiden Flügeln in Kolonne stehen und konnte nicht weiter, als vor den Wald vorrücken,
in dem der Feind auf seinem rechten Flügel diesseits
Krieschwitz 4 Kanons en batterie auffahren ließ, die Franzosen aber gar kein Geschütz bei sich hatten.

Sobald die französischen Tirailleurs vorgingen, wurde der
auf dem Weg nach Struppen aufgestellte feindliche Vorposten, so wie das Lager bei Struppen selbst, von der
Festung aus mit 24pfd.gem Geschütz beschossen und
zum Rückzuge genötigt.

Der Kommandant gab dem General Vandamme alle Vier-
telstunden schriftlich Nachricht, was man von der Festung aus, von dem Bewegungen des Feindes sehen konnte.

Gegen Mittag ließ der General Vandamme die Tirailleurs
bis an den Wald zurückgehen.

Einige Kosakentrupps, welche sich rechts von Thürmsdorf
auf der Höhe sehen ließen, wurden von der Festung aus
beschossen und vertrieben.

Nachmittags kam die Kavallerie, von dem Armeekorps
des General Vandamme, über Stolpen und Hohenstein
auf der Ebenheit am Lilienstein an, defilierte über die
Schiffbrücken und marschierte an der neuen Schenke in
geschlossenen Kolonnen auf. Ihr folgten mehrere Bataillons Infanterie, welche sogleich bei der neuen Schenke
vorbei, und teils auf der Bergstraße, teils auf dem Wege
nach Struppen vorgingen, und sich jenseits des Waldes in
geschlossenen Kolonnen aufstellten. Mehrere andere
Bataillons waren um die Festung herum gegangen und

besetzten die Höhen rechts hinter der Papiermühle. Die Artillerie wurde noch erwartet.

Gegen Abend gab der General Vandamme den Befehl zum Angriff, die Tirailleurs rückten vor, und das Feuer derselben wurde auf der ganzen Linie allgemein. Sobald die feindlichen Tirailleurs einige 100 Schritt zurückgetrieben waren, bei welcher Gelegenheit auch von der Festung auf den Feind geschossen wurde, setzten sich die Infanteriekolonnen und dann die Kavalleriekolonnen auf der Bergstraße in Bewegung und marschierten jenseits des Waldes auf. Die auf den Höhen hinter der Papiermühle stehenden Bataillons bewegten sich zu gleicher Zeit, nach Krieschwitz zu, vorwärts.

Während dieser Zeit wurde die ganze feindliche Position von der Festung aus beobachtet, welche ungefähr aus folgenden Truppen bestand
1) Bei Krieschwitz 300 Mann Ulanen und Kosaken, 5 Bataillons Infanterie und 4 Eskadrons Kürassiers.
2) Vor Krieschwitz 4 Piecen Artillerie mit 4 bis 500 Ulanen und Kosaken und 2 Bataillons Infanterie.
3) 1 Bataillon Infanterie vor Struppen.
4) auf der Bergstraße in der Gegend vom Himmelreich 2 Bataillons Infanterie.

Alle feindlichen Truppen retirierten bis in die Gegend von Krieschwitz, wohin sich auch die vor Struppen gestandene Infanterie zog.

Nach der Vereinigung und dem Aufmarsch en bataille der feindlichen Truppen, bei Krieschwitz, bemerkte man von der Festung aus, daß der Feind nicht nur hinter diesem Dorfe eine bedeutende Anzahl Truppen, sondern auch noch mehrere Piecen Artillerie maskiert hatte, welche nun mit in die Position rückten.

Das Kanonenfeuer auf dem rechten Flügel des Feindes wurde immer heftiger, und musste umso mehr das Vordringen des französischen linken Flügels verhindern, da das französische Korps in diesem Augenblick noch gar keine Artillerie bei sich hatte. Erst nach 8 Uhr Abends kamen einige Piecen an, und rückten in der größten Eil in die Position vor. Bis tief in die Nacht hörte man auf der Festung das Kanonen und Tirailleur-Feuer.

Von der Festung waren im Lauf des heutigen Tages 61 Schuss aus 24pfd.gen Kanons und 1 Schuss aus einem 8pfd. Haubitz getan worden.

Der am 24n nach Dresden abgeschickte Feldjäger traf gegen Abend wieder ein, und brachte die Nachricht, daß er auf dem Wege von Dresden /: jenseits der Elbe :/ großen französischen Kolonnen begegnet habe, welche nach Dresden und Pirna zu marschiert wären. Bei letzterem Orte wollten die Franzosen eine Schiffbrücke schlagen.

Den 27n August   Der Kommandant bekam früh $1/2$ 5 Uhr durch einen Kurier ein Schreiben von dem Oberstleutnant von Odeleben, welchem der Kaiser aufgetragen hatte, den Kommandanten zu benachrichtigen, daß der Feind, welcher stark von der Seite von Plauen und Dippoldiswalde her nach Dresden vorgerückt sei, lebhaft angegriffen worden wäre und sich dadurch sehr in Verlegenheit gesetzt sehe. Er sollte hiervon sofort den französischen General in Königstein in Kenntnis setzen, damit derselbe so schnell als möglich gegen Pirna vorrükke. Der Kurier war gestern Abend $3/4$ 7 Uhr von Dresden abgegangen, hatte aber ebenfalls den Weg jenseits der Elbe nehmen müssen.

Der Kommandant benachrichtigte, dem Willen des Kaisers gemäß, sogleich den General Vandamme von der erhaltenen Nachricht.

Mit Tagesanbruch nahm das Kanonenfeuer in der Gegend von Krieschwitz wieder seinen Anfang und dauerte bis gegen Mittag ununterbrochen fort; ein starker Nebel verhinderte, von der Festung aus etwas von den Bewegungen des Feindes sehen zu können.

Während der ganzen Nacht waren, so wie auch den Vormittag über, ununterbrochen Truppen, vorzüglich Artillerie und Infanterie, über die Brücken defiliert und dem Korps des General Vandamme nachgegangen.

Von Seiten des General Revert, Chef des Generalstabes vom 1sten Korps, wurden mehrere Requisitionen bei dem Kommandanten der Festung gemacht, von diesem aber nicht bewilligt; auch sollte ein Depot-Bataillon /: 600 Mann stark :/ auf die Festung kommen, allein dessen Aufnahme von dem Kommandanten verweigert, so lange das bereits hier befindliche Bataillon nicht Ordre zum Aufbruch bekäme.

Der Kommandant schickte einen Jäger mit Rapport auf dem jenseitigen jenseitigen Elbufer nach Dresden.

Auf Befehl des General en Chef Grafen Vandamme, machte der Chef des Generalstabes vom 1sten Korps General Revert dem Kommandanten bekannt, daß die französische Armee heute einen vollkommenen Sieg über die verbündeten Armeen davon getragen habe, welches Ereignis der Garnison mittelst Tagesbefehl bekannt gemacht werde.

Der General Vandamme hatte sein Hauptquartier in Pirna.

Den 28n August Auch heute defilierten noch mehrere Truppenabteilungen über die Schiffbrücke und folgten dem Korps des General Vandamme.

Von der Festung aus konnte man beobachten, daß die Franzosen zwischen Pirna und Krieschwitz Position genommen hatten. Den ganzen Vormittag dauerte die Kanonade fort; die Russen wurden verfolgt und suchten das Defilee von Gießhübel zu gewinnen. Das Tirailleurfeuer in der Gegend von Cotta dauerte bis gegen Abend.

Der Kommandant schickte einen Feldjäger mit Rapport an den Hrn. Generalleutnant von Gersdorf nach Dresden.

Den 29n August Wegen des, von der französischen über die verbündeten Armeen erfolgten Sieges, wurde in der hiesigen Kirche ein Te Deum gesungen.

Der Kommandant der Festung gab wegen derselben Ursache sämtlichen französischen und sächsischen Offiziers ein Dinée.

Den 30n August Auf Veranlassung des Generalleutnant von Gersdorf schickte der Kommandant einen Offizier ab, um in der Gegend von Hellendorf eine Rekognoszierung zu machen. Derselbe war über Krieschwitz, Cotta, Gießhübel bis Hellendorf vorgegangen, an welchen letzteren Orte er die bestimmte Nachricht erhielt, daß der General Vandamme bereits über 4 Stunden in Böhmen vorgerückt sei.

Noch ganz nahe waren gestern in der umliegenden Gegend der Festung Kosaken bemerkt worden.

Der Kommandant schickte 2 Feldjäger mit Rapports nach Dresden, und einen andern in die Gegend von Schandau, um Nachrichten vom Feinde einzuziehen.

Abends um 9 Uhr bekam der Kommandant von dem Oberstleutnant Charpentier in Königstein die Nachricht, daß von dem Korps des General Grafen Vandamme 2 Offiziers aus Böhmen angekommen wären, welche versichert hätten, die Franzosen wären heute unter dem General Grafen Vandamme gänzlich geschlagen worden, das ganze Korps sei entweder tot oder gefangen. Wäre diese Nachricht gegründet, so ließe sich allerdings erwarten, daß der Feind schnell vorrücken und vielleicht die Brücken oder das verschanzte Lager angreifen würde.

So übertrieben diese Nachricht auch zu sein schien, so wurden doch zugleich alle Sicherheitsmaßregeln getroffen.

Der Kommandant ließ die Besatzung im Horn verstärken und sowohl die in derselben befindlichen Kanons, als einige andere auf der Festung mit Bedienung versehen. Die ganze Garnison musste auf den ersten Wink zum Ausrücken bereit sein. Mit Tagesanbruch musste sich bei sämtlichen Geschütz die Bedienung befinden.

Der Kommandant schickte durch einen verkleideten Feldjäger an den Hrn. Generalleutnant von Gersdorf eine Abschrift des von dem Oberstleutnant Charpentier erhaltenen Briefes .

Den 31n August   Mehrere von dem Armeekorps des Grafen Vandamme zurückgekommene Soldaten sagten aus, daß gestern dieses Korps wirklich gänzlich geschlagen und mehrere Regimenter entweder ganz aufgerieben oder gefangen wären.

Der Kommandant schickte einen Feldjäger verkleidet nach Pirna, um womöglich von dort her sichere Nachricht zu erhalten, ein anderer wurde früh und einer nachmittags mit Rapports nach Dresden geschickt.

Der gestern nach Schandau abgeschickte Feldjäger kam zurück und meldete, daß in der dortigen Gegend nichts von feindlichen Truppen stehe.

Der nach Pirna abgeschickte Feldjäger hatte mit mehreren Franzosen von dem Korps des General Vandamme gesprochen, welche gleichmäßig den Verlust einer Schlacht aussagten.

Der gestern Abend nach Dresden geschickte Feldjäger kam zurück; der Generalleutnant von Gersdorf war sogleich mit dem vom Kommandanten erhaltenen Brief zum Kaiser Napoleon gegangen.

Den 1sten September Der Oberstleutnant Charpentier benachrichtigte den Kommandanten, daß gestern Abend ein Teil der Kaiserlichen Garde zu Pferd auf dem Wege nach Steutmannsdorf vorgerückt sei; eine Infanteriebrigade und ungefähr 600 Mann Kavallerie waren gestern Abend in Königstein angekommen. Sie waren vom 1sten Korps und hatten auf dem Wege von Pirna biwakiert. Ein Bataillon des 33n Infanterieregiments rückte diesen Morgen in Königstein ein.

Der Hr. Generalleutnant von Gersdorf benachrichtigte zugleich den Kommandanten, daß sich das Vandammesche Korps bis auf ungefähr 3,000 Mann wiedergefunden habe, welche auf Umwegen zurückgekommen sind. Der größte Verlust war das Geschütz. Der Kommandant schickte einen Feldjäger mit Rapports nach Dresden.

Den 2ten September Der Kommandant schickte diesen Vormittag einen Feldjäger mit Rapports nach Dresden.

Nachmittags kamen mehrere Bataillons Infanterie von Pirna her, und rückten in das verschanzte Lager.

Das bisher auf der Festung gestandene französische Bataillon bekam durch den Marschall Gavin St. Cir den Befehl, zum Korps zurück zu kehren, dagegen rückte sogleich an dessen Stelle das 4te Bataillon des 40^n Linienin-
fanterieregiments, bestehend aus:

1 Major Charriere
1 Bataillonschef
17 Offiziers und
460 Unteroffiziers und Gemeinen

auf der Festung ein.

Den 3^n September   Die am 17^n d.M. von den
Kommandanten in die Oberlausitz geschickten 2 Feldjäger kamen gegen Mittag zurück und brachten die Nachricht, daß das Korps des Marschall Ney in voller Retraite
von Bautzen aus nach Dresden begriffen sei. Der Kommandant schickte diese beiden Feldjäger sogleich nach
Dresden.

Den 4^n September   Der Kommandant schickte
eine Kavallerieordonnanz nach Dresden, um den Hrn.
Generalleutnant von Gersdorf anzuzeigen, daß der Weg
zwischen Festung und Dresden sicher sei und also die
15,000 Rtlr., welche zur Verproviantierung der Festung
zugesetzt wären, hergeschickt werden könnten.

Auf einen Vortrag des Kommandanten, kam von dem
Hrn. Generalleutnant von Gersdorff die Resolution, daß
denen auf der Festung befindlichen Arrestanten, dem

Landrat von Norrmann
Syndikus Eichholz und
Aktuarius Krüger

erlaubt sei, in Gesellschaft zu speisen und daß sie überhaupt mehr zur Bewachung als zur Bestrafung auf der
Festung wären.

Auf Befehles französischen Kommandanten in Königstein, rückten zwei Kompanien des auf der Festung stehenden französischen Bataillons und zwar die eine an die neue Schenke, und die andere an das Pulvermagazin auf Feldwacht. Diese beiden Posten sollen aller 4 Tage von demselben Bataillon abgelöst werden. Ihre Verpflegung bekommen sie von der Festung

Den 5n September   Der Kommandant schickt zwei Feldjäger nach der Gegend von Bautzen, um bestimmte Nachrichten von der Armee zu erhalten.

Gegen Abend bemerkte man in der Gegend des Sattel oder Schönwalder Berges von der Festung aus eine Kanonade, man konnte deutlich sehen, daß sich die Franzosen zurückzogen.

Auf Befehl des Kommandanten wurde ein Kanon im Horn und eins auf der Elbbatterie mit Bedienung versehen.

Der Kommandant schickte eine Artillerieordonnanz mit Rapports nach Dresden.

Den 6n September   Obschon die zur Verproviantierung der Festung ausgesetzten 15,000 Rtlr. nicht angekommen waren, so hatte doch der Kommandant dem Proviantverwalter Marschner den Befehl gegeben, vorläufig einzukaufen, was er von den fehlenden Lebensbedürfnissen bekommen könnte. Schon diesen Morgen bekam derselbe 250 Scheffel Korn, welche in Schandau lagen und wurde zu deren Abholung 1 Unteroffizier und 12 Mann nebst einem großen Elbkahn dahin abgeschickt.

Der Feind rückte heute in 2 Kolonnen von Böhmen aus vor, die eine über Gießhübel, welche bis in die Gegend von Pirna ging, und die andere über Fürstenau, welche auf den Höhen links von Sedlitz stehen blieb. Die Kommunikation diesseits der Elbe mit Dresden war nun wieder gesperrt.

Der General Mouton Duvernet, welcher die Truppen in Königstein kommandierte, kam auf die Festung, um die Bewegungen des Feindes zu beobachten.

Gegen Abend kam das nach Schandau abgegangene Kommando mit dem dort abgeholten Korn im Städtchen Königstein an.

Der Kommandant schickte diesen Mittag einen Feldjäger mit Rapports nach Dresden.

Den 7n September Diesen Morgen wurde von dem Kommandanten auf den jenseitigen Elbufer ein Feldjäger mit Rapports nach Dresden geschickt.

Der Artilleriekommandant in Königstein, Oberstleutnant Charpentier machte dem Kommandanten bekannt, daß er von Bautzen den Befehl erhalten habe, von der Festung 10,000 ℔ Pulver zu entnehmen und es nach Dresden zu schaffen. Diesen Befehl hatte er von den General en Chef der französischen Artillerie erhalten.

Die vorgestern nach Dresden abgeschickte Artillerieordonnanz sowie der gestern dahin abgegangene Feldjäger kamen gegen Abend von da zurück.

Der Kommandant schickte einen Feldjäger verkleidet nach Pirna, um zu sehen, ob und was für Truppen dort wären.

Abends war sowohl auf der Festung als beim General Duvernet in Königstein die Nachricht eingegangen, daß der Feind morgen die Brücken zerstören wolle.

Der Kommandant gab auf Veranlassung des General Duvernet einen Posten von 1 Offizier 25 Mann in die Hüt-

ten, welcher einen Vorposten bei der Papiermühle aufstellte, unter der Königsnase wurde ein anderer Posten
von 25 Mann aufgestellt, welcher die Nacht über eine
bedeutende Anzahl Wachtfeuer unterhalten mußte, um
den Feind glauben zu machen, es befinde sich auf diesem
Punkt eine große Truppenmasse. Die Zugänge nach den
Schiffbrücken waren verbarrikadiert worden.

Den 8ⁿ September   Der General Duvernet schickte diesen Morgen um 7 Uhr ein Kommando von 300 Mann auf
eine Rekognoszierung nach Neibelsdorf zu vor, welche
sogleich jenseits des Waldes auf die feindlichen Vorposten stießen und mit ihnen bis gegen 9 Uhr tiraillierten,
wo sie wieder zurück gingen.

Sobald sich der Nebel gelegt hatte entdeckte man bei
Struppen zwei Bataillone feindliche Infanterie so wie einen Trupp von 200 Mann Kavallerie und Kosaken. Zwischen Struppen und dem Walde vor der Festung standen
die feindlichen Vorposten und an dem Dorfe am Wege
waren 6 Kanonen en Batterie aufgefahren.

Der Kommandant ließ 10mal aus 24pfd.gen Geschütz auf
die feindliche Linie feuern, allein die Entfernung war zu
groß, um sie erreichen zu können.

Der gestern nach Pirna abgeschickte Feldjäger kam zurück und brachte die Nachricht, daß in diesen Orte keine
Truppen wären. Der französische Kommandant hatte die
Tore schließen lassen, um die Stadt für Plünderung zu
schützen.

Auf Befehl des Kommandanten ging früh um 9 Uhr der
gestern Abends in den Hütten aufgestellte Posten wieder
ab und es blieb daselbst bloß 1 Unteroffizier und 6 Mann.

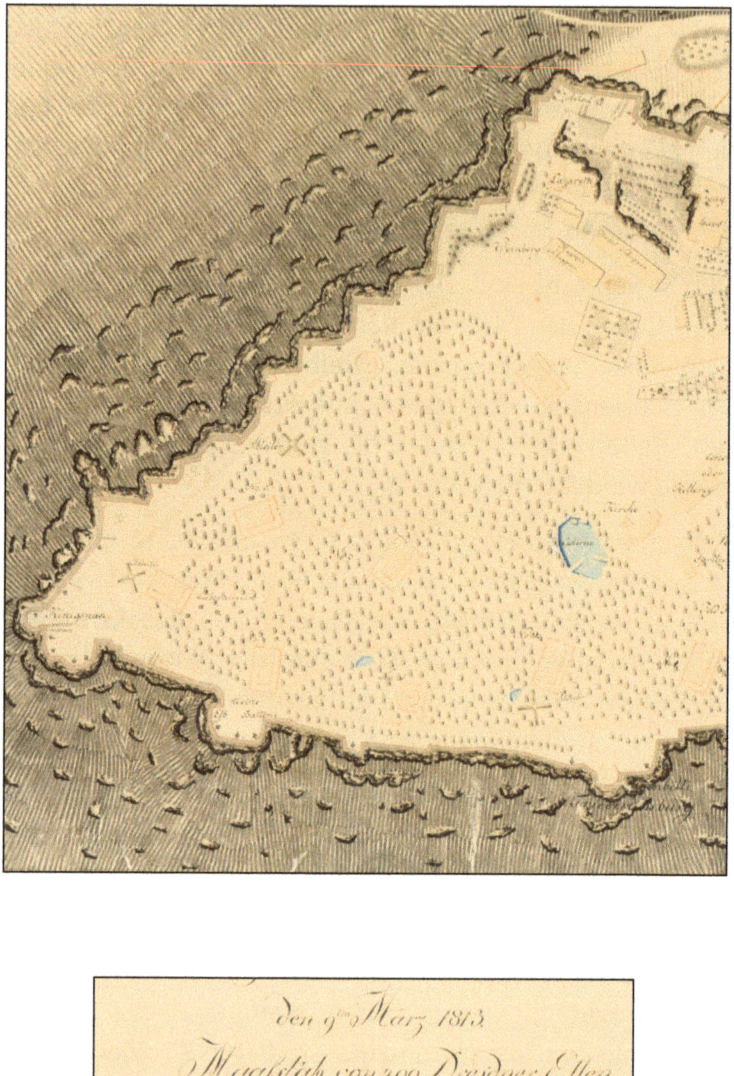

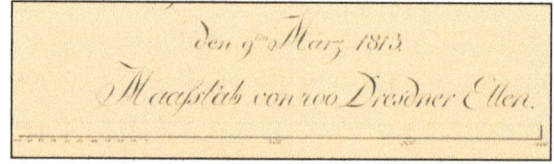

Abb. 02   Plan der Festung Königstein vom 09.03.1813

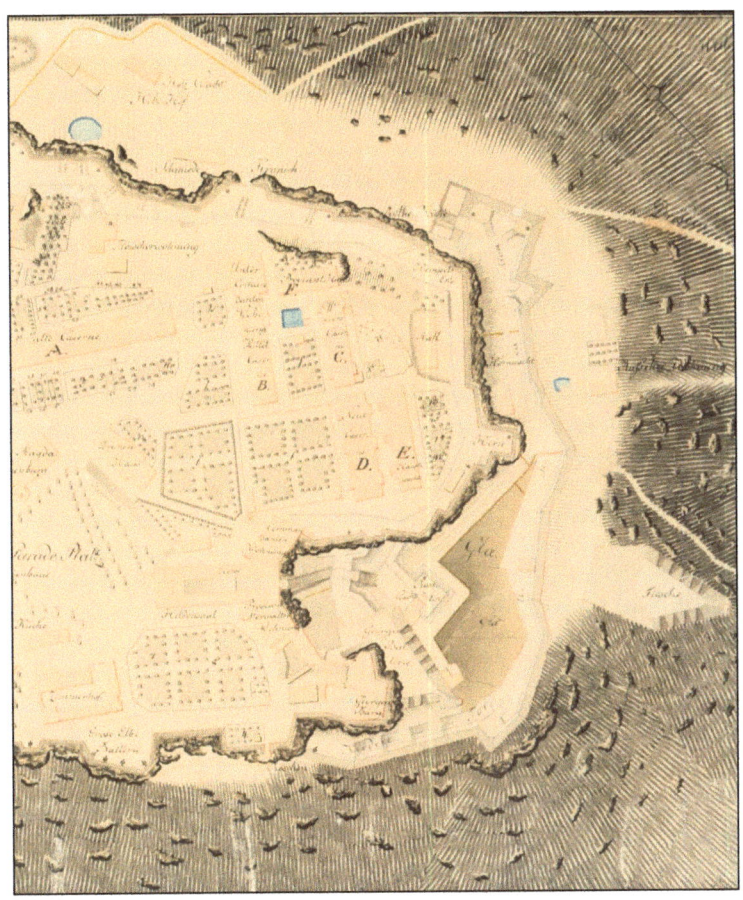

Bezeichnete Gebäude: A - alte Kaserne; B - Unterkommandan-
tenwohnung/Mittelkaserne; C - Offizierskaserne; D - Neue Kaserne; E - Hauptwache; F - Provianthaus

Gärten: 1 - Kommandant; 2 - Unterkommandant; 3 - Festungs-
ingenieur; 4 - Schließ-Capiatain; 5 - Auditeur; 6 - Medicus; 7 -
Prediger; 8 - Proviantverwalter; 9 - Chirurgus; 10 - Kantor; 11 -
Brunnensteiger; 12 - dem Premier- und 13/14 - den Leutnants
der Garnison; 15 - Artillerie-Offizier; 16 - Korporal Törmer; 17 -
Chirurgus Kämpfe; 18 - Kellermeister; 19 - Bauschreiber-Assis-
tent; 20 - Tambour Hentzschel; 21 - Zimmermann Frenzel; 22 -
ist frei; 23 - Zimmermann Bernd; ... Fortsetzung auf S. 81

Der Kommandant schickte 2 Feldjäger nach der Gegend von auf Reconnaissance[5].

Bei Sedlitz fand heute eine bedeutende Bataille statt; gegen Abend zogen sich die feindlichen Truppen nach Böhmen zurück. Der feindliche Posten zog sich gegen Abend etwas zurück und stellte sich zwischen den beiden Straßen nach Pirna auf

Von den beiden am 5^n d.M. nach Bautzen abgeschickten Feldjägern kam diesen Nachmittag einer zurück und brachte die Nachricht, daß der Kaiser Napoleon den Feind in dieser Gegend wirklich geschlagen und bis über Görlitz zurück getrieben habe. Der andere Feldjäger war dahin gegangen.

Nach diesem erfochtenen Siege war der Kaiser mit den Garden an 6^n wieder durch Dresden gegangen.

Der Kommandant benachrichtigte gegen Abend den General Duvernet von der rückgängigen Bewegung des Feindes bei Sedlitz.

Den 9^n September   Der gestern nach Dresden geschickte Feldjäger kam zurück.

Der Feind hatte sich in der vergangenen Nacht aus der Gegend von Struppen weggezogen; man sah nur noch einzelne Kosaken in der Gegend von Krieschwitz.

Der Kommandant schickte diesen Morgen, wieder diesseits der Elbe, einen Feldjäger nach Dresden.

Der General Duvernet benachrichtige den Kommandanten, daß er von dem Kaiser den Befehl erhalten habe, mit seiner Division nach Pirna vorzurücken; er veranlasste

---

[5] Der Fließtext ist so wieder gegeben wie im Original. Ein Ort wird nicht angegeben.

denselben zugleich, von dem auf der Festung stehenden französischen Bataillon 2 Kompanien nach Königstein zu schicken, welche die Stadt und den Brückenkopf besetzen sollten; 2 andere Kompanien von demselben Bataillon erhielten den Befehl, die linke Flanke der Division auf ihren Bewegungen zu decken.

Der General Duvernet ersuchte den Kommandanten, alles was man sowohl auf seiner Flanke als Rücken, als auch in dem verschanzten Lager von der Festung aus bemerken könnte, ihm sogleich zu melden und die Kavallerie, welche er von Stolpen her erwartete, nach Langenhennersdorf zu dirigieren.

Diese Nacht unterhielten wieder 25 Mann unter der Königsnase eine bedeutende Anzahl Wachtfeuer. Alle Aufmerksamkeit wurde auch diese Nacht auf die Brücken gerichtet, in dem Nachrichten eingegangen waren, daß der Feind Willens sei, dieselben zu zerstören.

Den 10n September Der General Duvernet machte den Kommandanten bekannt, daß er sein Hauptquartier in Leopoldshayn genommen habe und benachrichtigte ihn zugleich, daß er nach Ankunft der Kavallerie nach Hüllendorf vorrücken würde.

Gegen 2 Uhr passierten endlich 2 Regimenter Kavallerie die Brücken. Der Kommandant ließ ihnen sogleich den Befehl des General Duvernet bekannt machen, und meldete auch diesem die Ankunft der Kavallerie.

Der Kommandant bekam die sichere Nachricht, daß die Russen und Östreicher aus der Gegend von Kunnersdorf wegmarschiert wären; erstere diesen Morgen und letztere bereits gestern Abend. In Schandau war diesen Vormittag eine Patrouille von 20 Schlavoniern gewesen. Von allen diesen benachrichtigte der Kommandanten den

General Duvernet. Später bekam der Kommandant von dem General Duvernet ein Schreiben, in welchem ihm dieser für erteilte Nachrichten dankte, ihm seine Vereinigung mit dem Herzog von Trevisa bekannt machte, so wie auch, daß er nach erfolgter Ankunft der Kavallerie nach Peterswalde vorrücken würde.

Auch diese Nacht biwakierte ein Kommando unter der Königsnase und unterhielt eine Anzahl Wachtfeuer.

Den 11n September Früh $\frac{1}{2}$ 4 Uhr wurde von der Post an der Königsnase gemeldet, daß man hinter dem Lilienstein schießen hörte; es ließ sich vermuten, daß der Feind Willens sei, einen Angriff auf die Brücken zu versuchen.

Der Kommandant ließ sogleich Generalmarsch schlagen, um vorzüglich das Geschütz, welches die Brücken mit verteidigen konnte, zu besetzen. Bis gegen 4 Uhr hörte man einzelne Kanonenschüsse in den Lunetten jenseits des Liliensteins. Gegen 5 Uhr ließ der Kommandant, da das Schießen nicht erneuert wurde, die Garnison wieder einrücken.

Ein Feldjäger, welcher an den Oberstleutnant Charpentier ins Lager geschickt wurde, brachte die Nachricht, daß der Feind von Schandau her - ungefähr 200 Mann Infanterie und 150 Mann Kavallerie - vorgerückt war und unbemerkt bis an den einen Graben der Lunette gekommen sei. Die Franzosen hatten 5 Tote und 9 Blessierte, der Verlust des Feindes konnte derselbe sein, auch sah man einige blessierte Pferde desselben herumlaufen, welche er zurückgelassen hatte. Ein gut angebrachtes Feuer mit kleinem Gewehr und Kartätschen nötigte ihn zum Rückzug.

Nachmittags kam der Kommandant der Artillerie und vom Genie in Königstein auf die Festung, um sich mit dem Kommandanten wegen der zu treffenden Maßregeln für die kommende Nacht, wo man einen neuen Angriff des Feindes erwartete, zu besprechen. — Es wurde bestimmt, daß von der Festung aus in diesem Falle, mit schwerem Geschütz - solange der Feind noch nicht bis an dien Graben der Verschanzungen gekommen - nach beiden Seiten des Liliensteins doch so, daß man den Franzosen keinen Schaden zufügen könnte, geschossen werden sollte. Ein bestimmtes Zeichen würde angeben, das sämtliche Posten in die Verschanzungen zurück gegangen wären, dann sollte das Feuer der Festung links des Liliensteins nach Waltersdorf, und rechts desselben nach dem Lager am Fuße des Felsens gerichtet; bei einem 2^n Zeichen aber auf das Plateau und das Terrain um die Verschanzungen herum dirigiert werden.

Um die Verteidigung zu vereinigen wurde die obere Schiffbrücke abgebrochen.

Eine dem 8^n d.M. nach der böhmischen Grenze zu auf Rekognoszierung geschickte 2 Feldjäger kam zurück und brachte die Nachricht, daß die Franzosen bereits wieder zurück bis in die Gegend von Bautzen wären; der Kommandant schickte ihn sogleich nach Dresden.

Diesen Abend kam ein Teil der Division Duvernet wieder nach Königstein zurück.

Den 12^n September   Diesen Morgen traf der größte Teil der Division Duvernet wieder in Königstein ein.

Der Kommandant bekam von dem Hrn. Generalleutnant von Gersdorf die Nachricht, daß heute ein Transport Geld auf der Festung Königstein ankommen würde. Derselbe bestand aus 6 Wagen und wurde von 1 Eskadron Kürassiers und einem Kommando der Leib-Grenadier-Garde eskortiert.

Der Hofrat Bloch holte einige Sachen des grünen Gewölbes von der Festung ab.

Der 2te am 8^n d.M. nach der böhmischen Grenze abgeschickte Feldjäger traf heute wieder ein; er hatte nichts von feindlichen Truppen getroffen.

Den 13^n September Der Adjutant-Commandant Paralletti, Chef des Generalstabes der Division Duvernet benachrichtigte den Kommandanten, daß der General Creutzer in Kunnersdorf stehe und die ganze umliegende Gegend durch seine Posten besetzt habe. Der Kommandant sollte noch die Straße von Leupoldshayn mit 1 Offizier und 25 Mann besetzen lassen, welcher die Verbindung mit den letzten Posten des General Creutzer bewirken würde. Es wurde hierzu 1 Offizier und 25 Mann von dem auf der Festung stehenden französischen Bataillon gegeben.

Abends trafen wieder 2 Kompanien Franzosen, welche am 9^n d.M. mit ausmarschiert waren, auf der Festung ein.

Diesen Morgen hörte man in der Gegend von Hüllendorf eine Kanonade, doch näherte sie sich nicht weiter als bis Gießhübel, bis wohin ein deshalb abgeschickter Feldjäger gekommen war.

Die Division Duvernet rückte hierauf aus Königstein aus und nahm Position zwischen Krieschwitz und Pirna. Zwei Kompanien des hier garnisonierenden französischen Bataillons erhielten Ordre nach Königstein zu rücken.

Auf Befehl des Kaisers Napoleon sollten von der Festung 2 Stück 24pfd.ge und 18pfd.ge Kanonen auf den Sonnenstein bei Pirna gebracht werden. Der Oberstleutnant Charpentier teilte dem Kommandanten die deshalb erhaltene Ordre mit, nach welcher zugleich für jedes dieser beiden Kanonen 200 Schuß gegeben werden sollen.

Der General Creutzer war von Kunnersdorf nach Langhennersdorf gerückt.

Den 15n September   Es wurde ein Spion nach Schandau, Sebnitz, Neustadt und Schönlinde geschickt, um Nachrichten von den Feinde zu erhalten.

Gegen Mittag bemerkte man 1 Stunde lang in der Gegend links von Stolpen eine Kanonade. Der Herzog von Plaisance kam deshalb auf die Festung um zu sehen, in welcher Gegend diese Kanonade sei. Er war von dem Kaiser Napoleon geschickt, welcher sich bei Langhennersdorf befand. Auch in der Gegend von Höllendorf hörte man heute stark kanonieren.

Die beiden auf den Sonnenstein bestimmten 18pfd.gen Kanonen nebst Munition wurden heute dahin gebracht. Der General Duvernet schickte die zum Transport nötigen Pferde.

De Kommandant schickte einen Feldjäger an den General Duvernet, um diesem zu melden, was man von den Bewegungen des Feindes jenseits der Elbe bemerkt habe.

Den 16n September   2 Bataillone französische Infanterie kamen diesen Mittag von Pirna und machten auf den Wege nach Königstein am Fuße der Festung halt. Sie kehrten aber bald darauf auf der Bergstraße zurück.

Den 17n September   Der General Duvernet benachrichtigte den Kommandanten, daß er sein Hauptquartier in Nollendorf habe, daß der Kaiser bei der Armee sei, und alles gut gehe.

Den 18n September   Der Oberstleutnant von Zeschau vom Regiment Prinz Max, welcher als Unterkommandant auf der Festung Königstein ernannt war, traf hier ein.

Den 19n September   Der General Duvernet benachrichtigte den Kommandanten, daß er mit seiner Division wieder in der Nähe der Festung angekommen sei, und zwar habe er die Gegend von Langhennersdorf und Krieschwitz besetzt, er für seine Person befand sich in letzterem Orte.

Den 20n September   Der Feind hatte in Böhmen mehrere große Elbschiffe mit Steinen, Bomben, Grenaden und andern brennbaren Materien angefüllt, um die Schiffbrücke bei Königstein zu zerstören. Fünf dergleichen Schiffe kamen auch diesen Morgen gegen 5 Uhr auf der Elbe herunter, wovon 2 die Brücke trennten und durchgingen, 2 waren schon vor derselben von den die Wache habenden Pontoniers aufgefangen und ans Land gebracht worden, und eins blieb am jenseitigen Teil der Brücke hängen. Nur auf einem dieser Bränder erfolgte die Explosion, als er schon die Brücke passiert hatte; auf den übrigen war das Feuer durch den heftigen Regen verlöscht. Auch nicht ein einziger Ponton der Brücke war mit fortgerissen worden und gegen 9 Uhr war diese schon wieder hergestellt.

Sobald auf der Festung die Explosion des Bränders gehört wurde, geschahen sogleich von der großen und kleinen Elbbatterie einige Kanonenschüsse aber unterhalb der Brücke auf die Elbe, um das etwaige Andringen des Feindes zu verhindern.

Den 21n September   Ein Ordonnanzoffizier Se. Majestät des Kaisers von Frankreich kam auf die Festung, um sich nach den Bestand der Verproviantierung derselben zu erkundigen. Der Kommandant ließ einen Etat darüber fertigen.

Später kam ein anderer Ordonnanzoffizier des Kaisers, und verlangte einen genauen Etat der Garnison, Artillerie und Munition.

Um den Feinde ein ähnliches Unternehmen wie das gestrige auf die Brücke zu verhindern, ließ der Oberstleutnant Charpentier oberhalb derselben eine starke eiserne Kette von einem Ufer bis an das andere über die Elbe ziehen.

Der Feind hatte diese Nacht wieder ein Schiff auf der Elbe heruntergeschickt; allein es war schon vor der Brücke von den Pontoniers aufgefangen worden.

Diesen Nachmittag rückte eine feindliche Patrouille in Pfaffendorf, wo 3 Mann von der sächsischen Infanterie auf Sauvegarde standen. Letztere feuerten aus den Häusern aus die Feinde und da diese ihre Stärke nicht wissen konnten, so zogen sie sich eiligst aus dem Dorfe zurück.

So wie bisher wurde auch diese Nacht eine bedeutende Anzahl Wachtfeuer unterhalten.

Den 22n September   Nachdem Se. Königl. Majestät den dermaligen Kommandanten der Festung, Hrn. Obersten von Warnsdorf, zum Generalmajor allergnädigst ernannt hatten, so wurde letzterem das hierüber ausgefertigte Patent durch den Hrn. Generalleutnant von Gersdorf überschickt.

Den 23n September   Sämtliche Offiziers der Garnison gratulierten dem Kommandanten zu dessen Avancement.

Ein französischer Brigade General, Directeur der Brücken, kam mit dem Oberstleutnant Charpentier auf die Festung, um diese zu besehen.

Den 24n September   Auf Befehl des Kaisers wurde eine der beiden Schiffbrücken in Königstein nach Pirna gebracht.

Nach einem andern Befehl des Kaisers sollten einige 12pfd.ge Kanonen an Fuße der Festung platziert werden, um durch deren Feuer die Schiffbrücke besser bestreichen zu können. Da sich kein dazu passender Platz fand, so wurde die große Elbbatterie noch mit einem 6pfd.gen Kanon verstärkt und überhaupt einige Veränderung in der Platzierung des Geschützes, auf der Seite nach dem Lilienstein zu, veranstaltet.

Ein Bataillon französische Infanterie rückte diesen Morgen ins verschanzte Lager.

Abends um 11 Uhr waren hinter dem Lilienstein 3 Schüsse aus kleinem Gewehr gefallen, die auf der großen Elbbatterie stehenden französischen Artilleristen hörten dieses und feuerten sogleich ein 24pfd.ges Kanon ab, um Alarm zu machen. Das Schießen erneuerte sich jedoch nicht, weshalb auch die Garnison in den Quartieren blieb.

Den 25n September   Schon gestern kam hier die Nachricht an, daß in Schandau der Feind keinen Menschen weder heraus noch hinein lasse; heute erfuhr man, daß daselbst täglich feindliche Gruppen von Nixdorf herankämen, bei Schandau biwakierten und dann die Straße nach Bautzen einschlügen.

Den 26n September   Der Kommandant schickte einen Feldjäger mit Rapports nach Dresden.

Bis jetzt waren die beiden in den Städtchen Königstein stehenden Kompanien vom dem hier garnisonierenden französischen Bataillon aus den dasigen Magazin verpflegt worden. Da nun aus der umliegenden Gegend nichts mehr in dasselbe geliefert werden konnte, so wurde der Kommandant wegen den gänzlichen Mangel von Lebensmitteln in Königstein ersucht, diese beiden Kompanien von der Festung zu verpflegen, dieses aber gänzlich von ihm abgeschlagen.

Den 27n September   In Waltersdorf entdeckte man gegen Abend einen bedeutenden feindlichen Vorposten.

Der Kommandant schickte einen Feldjäger mit Rapports nach Dresden.

Den 28n September   Um jeden Unternehmen des Feindes, die Schiffbrücke zu zerstören, vorzubeugen, wurde die Elbe oberhalb derselben durch eine Verpfählung geschlossen, welche Arbeit heute beendigt ward.

Aus Königstein ging Abends gegen 9 Uhr die Nachricht ein, daß die Russen bei Schandau die Elbe passierten; schon gegen Abend waren 200 Mann übergegangen.

Auf einen Vortrag des Kommandanten an den Hrn. Generalleutnant von Gersdorf wurde dem hiesigen Unterkommandanten und Schließcapitaine, welche bis jetzt die Uniform der Halbinvaliden getragen hatten, die Uniform der Gouverneurs und Kommandantschaft zu tragen gestattet.

Den 29n September   Der Kommandant bekam
die Nachricht, daß zur Verproviantierung der Festung
fernerweit 15,000 Rtlr. bei der Generalkriegskasse ausge-
setzt wären, und das nach Dresden Nachricht gegeben
werden sollte, ob der Transport dieses Geldes mit Si-
cherheit zu bewerkstelligen sei.

Dem Kommandanten wurde durch den Hrn. Generalleutnant von Gersdorf bekannt gemacht, daß der Major
von Bünau vom leichten Infanterie Regiment von Sahr,
welchem bei dem mobilen Truppenkorps das Kommando
über das neuformierte Bataillon König anvertraut gewesen, mit diesem Bataillon zum Feinde übergegangen sei.

Se. Majestät der König war dadurch veranlaßt worden,
einen Aufruf an seine Truppen zu erlassen, welcher dem
Kommandanten zur Bekanntmachung auf der Festung
überschickt wurde.

Den 30n September   Der Kommandant schickte
diesen Morgen eine Kavallerieordonanz mit Rapports
nach Dresden, zugleich meldete er dem Hrn. Generalleutnant von Gersdorf, daß der Weg zwischen Dresden
und der Festung sicher sei und also die 15,000 Rtlr. anhero geschickt werden könnten.

Der Garnison wurde heute der von Se. Majestät den König an die Armee erlassene Aufruf bekannt gemacht.

Den 1sten Oktober   Der Kommadant schickte
diesen Morgen eine Artilleriordonanz nach Dresden.

Mehrere Wagen mit Kammervorräten kamen für die
Garnison der Festung von Dresden an.

Ein polnischer Offizier nebst einen Zahlmeister brachten
2 Kisten mit Geld und einen Koffer auf die Festung in
Verwahrung.

Der Kommandant bekam die Nachricht, daß wegen Mangel an baren Gelde und weil man den Weg auf die Festung nicht sicher genug glaubte, die 15,000 Rtlr. nicht ankommen könnten.

Den 2^n Oktober Nach eingegangenen Nachrichten aus Schandau, mit welchem Orte die Kommunikation bis jetzt unterbrochen war, stehen daselbst nur 120 Mann östreichische Landwehr.

In Kunnersdorf waren gestern Baschkiren und Kosaken gewesen.

Der Capitaine Graf St. Marsan, Ordonanzoffizier Se. Majestät des Kaisers von Frankreich, kam auf die Festung, um sich nach den Verhältnissen in und um derselben zu erkundigen.

Den 3^n Oktober Das bis jetzt auf hiesiger Festung gestandene Bataillon des 40^e französischen Linienregiments wurde durch 1 Bataillon des 27^e Linienregiments, bestehend aus

1 Bataillonschef Desportes
20 Offiziers und
304 Unteroffiziers und Gemeinen

abgelöst. Ersteres ging nach Dresden.

Den 4^n Oktober Der Kommandant schickte einen Feldjäger mit Rapports nach Dresden.

Den 6n Oktober Der Oberstleutnant Desportes, Kommandant des hier garnisonierenden französischen Bataillons, meldet dem Kommandanten, daß man in dem Städtchen Königstein nach einem Rapport des dasigen Platzkommandanten bei dem Schiffer Kunze ein Magazin von Waffen entdeckt habe. Bei näherer Untersuchung fand es sich, daß diese Waffen früher aus dem

Hauptzeughaus zu Dresden an das hiesige Zeughaus geschickt wurden, bis jetzt aber in dem Städtchen wegen
Mangel an Transportmitteln auf die Festung liegen geblieben waren.

Der Platzkommandant in Königstein hatte von dem General Duvernet den Befehl erhalten, diese Waffen bis auf
weitere Ordre an Niemanden verabfolgen zu lassen.

Den 7n Oktober   Der Kommandant schickte
einen Offizier nach Krieschwitz an den daselbst kommandierenden französischen General, um ihn von den
nähern Umständen wegen der in Königstein gefundenen
Waffen zu unterrichten und ihn zugleich zu ersuchen,
seinerseits Befehl zu geben, daß diese Waffen verabfolgt
und auf die Festung gebracht werden können. Der französische General stellte diesen Befehl sogleich aus und
nun wurden auf der Festung auf der Stelle alle Mittel zur
Abholung dieser Waffen ergriffen und es fanden sich
1034 verschiedene alte östreichische, braunschweigische
und französische Gewehre, 1500 meist gute Flintenläufe
und 679 preußische Säbel, so wie eine Menge Bajonetts
pp.

Der französische Div:general Mouton Duvernet machte
gegen Abend den Kommandanten bekannt:
1) daß sämtliches im verschanzten Lager am Lilienstein
befindliches Geschütz und Munition sogleich auf die Festung gebracht werden sollte.
2) daß die Schiffbrücke abgebrochen und in der kom-
menden Nacht auf der Elbe nach Dresden geschafft würde und
3) daß sowohl die Besatzung des verschanzten Lagers als
auch die französische Garnison auf der Festung in der
Nacht abgehen und ihren Weg nach Pirna nehmen sollte.

Das auf der Festung stehende Bataillon marschiert noch diesen Abend ab, um sich mit den übrigen Truppen in Königstein zu vereinigen; die Offiziere desselben ließen, da es ihnen an Transportmitteln fehlte, ihre Equipage zurück, welche speziell und auf Befehl des Kommandanten in Verwahrung gebracht wurde.

Der General Duvernet ersuchte den Kommandanten alle Mittel anzuwenden, die Artillerie aus dem Lager, wenn auch nur für den ersten Augenblick auf das diesseitige Elbufer unter die Kanonen der Festung zu bringen.

Da der Kommandant schon früher in den Fall eines schnellen Abmarsches der Franzosen aus hiesiger Gegend auf die Wegbringen des Geschützes aus dem verschanzten Lager bedacht gewesen war, so hatte er auch schon vor mehreren Tagen den Befehl gegeben, daß sämtliches, in diesem Augenblick auf der Festung befindliche Zugvieh mit Geschirr versehen sein mußte. Es wurden nun sogleich alle Pferde und Ochsen ins verschanzte Lager geschickt, so wie der größte Teil der Artillerie zur Wegschaffung des Geschützes kommandiert.

Ein Offizier und 40 Mann besetzten die Ausgänge des Städtchens, um diesseits für einen Angriff des Feindes sicher zu sein; die französischen Vorposten, jenseits des Liliensteins, blieben aber bis nach erfolgter Räumung des Lagers stehen.

Von 22 Piecen, welche in dem verschanzten Lager standen, kam alles bis auf:

    1 32pfd.gen Mörser
    2 18pfd.ge Kanonen
    1 8pfd.ges Kanon und
    1 Munitionswagen, welcher vernichtet wurde,
über die Schiffbrücke. Die beiden 18pfd.gen Kanonen

wurden, das eine in den Graben am Brückenkopfe, das andere den Abhang nach der Elbe herunter geworfen; das 8pfd.g Kanon war schon die Hälfte des Weges herunter, dort aber sitzen geblieben. Es wurde ebenfalls, da es nicht mehr fortgebracht werden konnte, über den Weg heruntergeworfen. Der Mörser wurde in den Brückenkopfe vergraben.

Auch das zurückgebliebene Geschütz würde gerettet worden sein, hätte der Oberstleutnant Charpentier nicht den Befehl gehabt, noch in der Nacht die Brücke abzubrechen und abzumarschieren. Der größte Teil der eisernen Munition wurde den Berg herunter in die Elbe gerollt, die übrige Munition befand sich in den Wagens und wurde gerettet.

Früh nach 4 Uhr war der Übergang über die Brücke beendigt, so bald die letzten französischen Truppen herüber waren, wurde die Brücke abgebrochen, die Truppen marschierten nach Pirna zu; die Brücke blieb aber am diesseitigen Elbufer unter dem Befehl des Pontoniercapitaine Kühnel stehen.

Den 8n Oktober   Sämtliches Geschütz und Munitionswagens, welche in dem verschanzten Lager gestanden hatten, wurde heute vom Elbufer bis in das Hornvorwerk gebracht.

Nachmittags ließen sich die ersten östreichischen Patrouillen auf der Ebenheit am Lilienstein sehen, 1 Offizier und 20 Mann gingen vor bis an den Brückenkopf; in dem Augenblick, wo sie sich das daselbst in den Graben geworfene Kanon besahen, wurde von der Festung mit einem 24pfd.gen Kanon auf sie geschossen. Sie zerstreuten sich sogleich und gingen zurück. Einzelne kleine Patrouillen gingen herab bis an das Elbufer.

Von dem Stadtrate zu Königstein wurde dem Kommandanten gemeldet, daß sogleich nach erfolgten Abmarsch
der französischen Truppen von ihnen das Magazin jenseits der Elbe untersucht und folgendes darinnen gefun-
den worden sei: 11 Scheffel Korn und Gerste

9 Faß Mehl

$1/_2$ Faß Salz

60 Kisten, größtenteils angebro-
chen, mit Zwieback, so wie 1,000 Stück Brote und in vier
Branntweingefäßen einigen Branntwein. Sie wollten versuchen, diese Gegenstände in das Magazin des Städtchens zu bringen.

Allen Vorstellungen ungeachtet ging der Pontoniercapitaine Kühnel diesen Vormittag um 9 Uhr mit Brücke von
Königstein ab. Man hat ihm versichert, daß das ganze
rechte Elbufer mit feindlichen Truppen besetzt und daß
es deshalb unmöglich sei, die Brücke nach Dresden zu
bringen. Er hatte sich auf eine deshalb von den Franzosen erhaltene Ordre berufen. In der Gegend von Rathen
fiel er nach der Aussage mehrerer zurückgekommener
Pontoniers nebst der Brücke, einem Pontoniersergeanten
und einem Pontonier in die Hände der Östreicher.

Nachstehende Bürger des Städtchens Königstein

Christoph Kügler

August Krämer

Gottfried Praßer

Friedrich Fischer

Gottfried Streit

Gottlob Schüller

Christoph Polten

Gottlob Barthel

Gottlieb Hering

Carl Hering und

Gottlob Mathes

waren auf das jenseitige Elbufer gefahren, um womöglich das die vergangene Nacht zurückgelassene 8pfd.ge Kanon, welches an dem Wege umgeworfen worden war, auf das diesseitige Ufer zu bringen. Ihr Vorhaben wurde glücklich ausgeführt. Nachdem sie das Kanon bis an das jenseitige Ufer mit eigenen Händen heruntergebracht hatten, fuhren sie über die Elbe zurück, um die diesseits versenkte Fähre zu holen. Mit der größten Anstrengung arbeiteten sie diese aus dem Wasser heraus und fuhren damit auf das jenseitige Elbufer. Sie brachten das Kanon glücklich darauf und über die Elbe herüber.

Von der Festung wurden sogleich Pferde abgeschickt, um es heraufzuholen.

Zum brauchbar machen der Fähre, so wie zum Überfahren des Kanons aufs diesseitige Elbufer und zum Heraufziehen desselben bis an den Fuß des Berges der Festung, trugen noch besonders bei:

> Gottlieb Thomas
> Gottlieb Hichmann
> Gottfried Gretzschel
> Gottlieb Bernhardt
> Gottlieb Hering
> Carl Schirgel
> August Liebe
> Gottlob Böhme und
> Christoph Fischer.

Weniger glücklich war der Versuch, den vergrabenen Mortier so wie das verschiedene Ladezeug und andere Dinge dieser Art, welche bei dem Brückenkopfe liegen geblieben waren, wegzubringen, geglückt. Sie hatten diese Gegenstände mit Hilfe einiger Artilleristen auf einen

Wagen geladen und waren mit demselben schon ein Stück des Weges nach der Elbe herab, als sie von einer östreichischen Patrouille angehalten wurden. Die Artilleristen entkamen, allein der Wagen mußte umdrehen und auf diese Art fiel der Mortier in die Hände der Feinde.

Der Kommandant schickte diesen Morgen einen Feldjäger mit Rapports nach Dresden.

Der französische Major Morin ersuchte dem Kommandanten von Krieschwitz aus, ihm, da er von dem General Duvernet den Befehl erhalten habe, sich mit ihm in Korrespondenz zu setzen, diejenigen Nachrichten mitzuteilen, welcher er von den Bewegungen des Feindes habe. Der Kommandant schrieb ihm, was ihm bekannt war und was man von der Festung aus hatte beobachten können.

Den 9n Oktober Gegen Morgen bemerkten die Posten der Elbbatterien, daß man an dem Kanon, welches in dem Graben des Brückenkopfes lag, arbeitete, um es wahrscheinlich fortzuschaffen. Es ließ sich erwarten, daß der Feind wahrscheinlich zu dieser Arbeit Bauern genommen hatte; und das es überdies zu finster war, um etwas unterscheiden zu können, so ließ der Kommandant nicht schießen.

So wie es Tag wurde, entdeckte man auch wirklich, daß es dem Feind geglückt war, das 18pfd.ge Kanon aus dem Graben wegzubringen, so wie auch die Lafette von dem andern am Wege liegenden 18pfd.gen Kanon, das Rohr desselben lag noch da.

Der Kommandant dankte dem Stadtrat des Städtchens Königstein so wie der Bürgerschaft in einem Schreiben für den durch die Wegbringung und Rettung des 8pfd. Kanons bewiesenen Patriotismus und gab ihnen zugleich die Versicherung, daß er diese schöne Tat Se. Majestät dem Könige melden würde.

Alles gestern bis in das Hornvorwerk geschaffte Geschütz wurde heute auf die Festung gebracht.

Von heute an war alle Kommunikation mit Dresden unterbrochen.

Das von den Franzosen in Verteidigungsstand gesetzte Fort Sonnenstein war von den Feinden eingeschlossen.

Der Kommandant schickte den Capitaine von Römer als Parlamentär an den österreichischen General Bubna, um ihm Vorschläge zu einer Konvention zu machen, worauf schon diesen Abend der östreichische Leutnant Traube vom Regiment Württemberg von dem Major Canal, welcher in Ratmannsdorf die Vorposten kommandierte, als Parlamentär auf die Festung geschickt wurde, um den Kommandanten zu melden, daß der Capitaine von Römer zu dem General Seethal nach Ehrenberg gegangen sei, und das bis zu dessen Rückkunft, nicht nur keine Feindlichkeiten, sondern auch von ihrer Seite kein Unternehmen zu Wegbringung des noch jenseits der Elbe liegenden Kanons geschehen sollte. Dem ungeachtet wurden auf der Seite nach dem Lilienstein alle Kanons der Festung nach dem Punkte gerichtet, wo das 18pfd.ge Kanon lag, um bei den geringsten Unternehmen, es wegzuschaffen, sogleich darauf feuern zu können.

Den 10n Oktober   Von heute an wurde der Posten im Hornwerk des Nachts durch 1 Offizier besetzt, dafür hatte auf der Hauptwache bloß ein Unteroffizier während dieser Zeit das Kommando.

Der Capitaine von Römer kam aus dem Hautquartier des östreichischen General Bubna zurück und hatte im Na-

men des Kommandanten der Festung mit selbigen fol-
gende Übereinkunft abgeschlossen:

1) die Feindseligkeiten der Festung Königstein und des
Blokadekorps hören von heute an auf,

2) die äußersten Piketer der blockierenden Truppen bleiben auf einen Kanonenschuss von der Festung entfernt,

3) die Kanonen, welche gestern auf dem Lilienstein genommen und bis heute Nacht nicht weggeschafft sind,
und insofern sie auf Plätzen liegen, welche von den Kanonen der Festung bestrichen werden können, dürfen
weder vom Blokadekorps noch von der Festung fortge-
schafft werden und bleiben an Ort und Stelle liegen,

4) hingegen ist den verbündeten Armeen die freie Schiffahrt auf der Elbe gestattet mit Ausnahme der bewaffne-
ten Truppen,

5) der Herr Gouverneur erbietet sich alle dermaßen exis-
tierenden Hindernisse, welche die Schiffahrt stören, bis
16n d.M. durch die ihm zustehenden Mittel vollkommen,
und so wie sie vor Ausbruch des Krieges war, herzustel-
len.

Diese Übereinkunft wurde dem Kommandanten nebst
einem sehr verbindlichen Schreiben vom General Bubna
zur Unterschrift überschickt, von diesem aber, nachdem
sie von ihm unterschrieben war, nebst einen 2 Exemplar
für den Kommandanten zur Unterschrift des General
Bubna durch einen Jäger an die östreichischen Vorposten
zur weiteren Beförderung an denselben gesendet.

Der Kommandant machte den Rat zu Königstein mit der,
mit dem General Bubna abgeschlossenen Übereinkunft
bekannt und gab ihm zugleich auf, die Hindernisse der
freien Schiffahrt auf der Elbe sobald als möglich aus dem
Wege zu räumen.

Das aus dem verschanzten Lager am Lilienstein zurückgekommene Geschütz wurde auf der Festung platziert.

Um auf jeden Fall sicher zu sein, daß die Feinde das noch
jenseits der Elbe liegende 18pfd.ge Kanon nicht wegho-
len, blieben stets einige Piecen auf der Festung nach der
Seite des Liliensteins mit Bedienung versehen.

Den 12n Oktober   Der Gerichtsvogt Grämer in
Königstein benachrichtigte den Kommandanten, daß der
K.K. östreichische Ingenieur Capitaine mit Aufträgen, den
Lilienstein betreffend, auf der Ebenheit angekommen,
von der bestehenden Konvention aber nicht unterrichtet
sei. Er wünschte eine beglaubte Abschrift der Konvention
zu haben, um sie diesem Offizier vorzeigen zu können.
Der Kommandant teilte ihm sogleich eine dergleichen
Abschrift mit.

Den 13n Oktober   Diejenigen Bomben, welche auf denen am 20n September von dem Feinde abgeschickten Brandern befindlich und bis jetzt in Königstein
liegen geblieben waren, wurden auf die Festung geschafft.

Der General Feldmarschall Leutnant Graf Bubna überschicke dem Kommandanten die zwischen ihnen abgeschlossene und von ihm unterschriebene Konvention.

Den 14n Oktober   Mittags kam eine Patrouille
feindliche Kavallerie von einem Wachtmeister und 30
Pferden vom Regiment Kaiser und Blankenstein Husaren
die Bergstraße her nach der Festung zugeritten, und
machte ein Stück vor der neuen Schenke halt. Ein Mann
davon stieg an derselben ab und kurz darauf kam ein
Bauer mit einem Schreiben von dem Wachtmeister, welcher diesen Trupp anführte, auf die Festung.

Er bat den Kommandanten um die Erlaubnis, sich bei Königstein über die Elbe setzen lassen zu dürfen; allein dieser schickte einen Offizier hinunter und ließ ihm sagen, daß seine Annäherung an die Festung gegen die Konvention sei, daß er ihm sein Gesuch nicht gestatte und daß er sich sogleich entfernen solle, indem man sonst auf in schießen würde.

Er ging hierauf sogleich zurück und nahm einen andern Weg nach Kunnersdorf und Schandau, um sich dort übersetzen zu lassen.

Den 16n Oktober   Diesen Morgen gegen 7 Uhr fingen die feindlichen Truppen an, von 2 Seiten das Fort Sonnenstein zu beschießen. Das Feuer dauerte während 1 Stunde ununterbrochen fort, und wurde aus dem Fort erwidert.

Den 17n Oktober   Früh um 8 Uhr kam der K.K. östreichische Oberleutnant Mahne vom Regiment Fröhlich als Parlamentär an den Kommandanten der Festung, er überbrachte ein Schreiben vom dem K.K. östreichischen General Feldzeugmeister und Gouverneur von Theresienstadt General von Chasteler, in welchem dieser bei dem Kommandanten anfragte, ob die Hindernisse, welche der freien Schiffahrt auf der Elbe bis jetzt im Wege gestanden hatten, beseitigt wären.

Der Kommandant antwortete ihm, daß dieses geschehen sei und daß alle Schiffe, mit Ausnahme der in dem 4ten Punkte der Konvention bemerkten, die Elbe passieren könnten.

Den 18n Oktober   Um zu verhindern, daß auf der Elbe bei der nunmehr zu erwartenden Schiffahrt nicht etwa von dem Feinde Truppen oder militärische Gegenstände transportiert werden möchten, so veranlaßte der Kommandant den Gerichtsvogt Grämer in Königstein, daß daselbst alle die Elbe herabkommenden Kähne visitiert werden sollen, um überzeugt zu sein, daß sie nichts der Konvention entgegen laufendes geladen haben.

Es wurde dabei festgesetzt, daß diejenigen Kähne, welche man mit dergleichen Gegenständen beladen findet, zurückgewiesen werden sollen, indem zugleich die Versicherung hinzugefügt wurde, daß auf deshalb mit einem Gewehr gegebenes Signal, im Fall sie sich weigerten zurückzugehen, von der Festung mit Geschütz auf sie geschossen werden würde.

Der Gerichtsvogt Grämer benachrichtigte den Kommandanten, daß er dem erhaltenen Befehl zu Folge sogleich eine Wache von 2 Schiffleuten in dem 1sten Hause über den Schießhause aufstellen würde, welche alle Fahrzeuge anrufen, und ihnen den erhaltenen Befehl bekannt machen sollen.

Da nach der vorgestern bei Dresden vorgefallenen Schlacht und darauf erfolgter Retirade der feindlichen Armee nach Böhmen zu erwarten stand, daß der Weg nach Dresden wieder offen sei; so schickte der Kommandant eine Frau bis Pirna, um deshalb Nachrichten zu erhalten. Diese kam wieder zurück und sagte aus, daß sie zwar zwischen Pirna und der Festung keine feindlichen Truppen getroffen habe, allein zwischen Pirna und Dresden sei die Passage keines Weges frei, schon hinter dem 1sten Orte stünden noch feindliche Piquets.

Den 19ⁿ Oktober   Der Kommandant wünschte Nachrichten von Dresden zu haben und schickte deshalb einen Mann dahin ab, derselbe war jedoch nur bis

Leim gekommen, wo ihn die französischen Vorposten zurück gewiesen.

Den 21^n Oktober　　　　Ein aus Dresden von dem Obersten Haake abgeschickter Kabinettsjäger überbrachte dem Kommandanten ein Schreiben von Ersterem. Nach demselben waren Se. Majestät der König am 5^n d.M. von Dresden abgereist.

Der Hr. Generalleutnant von Gersdorf hatte ihn begleitet, und dem Obersten von Haake waren während dessen Abwesenheit die Geschäfte des Generalstabes in Dresden übertragen worden. Derselbe ersuchte den Kommandanten, ihm so oft als möglich Nachrichten von der Festung und der hiesigen Umgegend zu geben. Nach den neuesten Nachrichten befand sich der König in Leipzig, so wie auch der Kaiser Napoleon. Ein am 13^n Oktober in Leipzig erschienenes Bulletin überschickte zugleich der Oberst von Haake an den Kommandanten.

Durch den zurückgehenden Kabinettsjäger schickte der Kommandant seine Rapports an den Generalleutnant von Gersdorff, dem Obersten von Haake.

Den 22^n Oktober　　　　Da der Kommandant fand, daß das bloße Abfeuern eines kleinen Gewehrs im Städtchen Königstein, sobald ein Schiff mit verbotener Ladung die Elbe passiere, nicht zuverlässig genug sei; so schickte er den Stadtrat zu Königstein 2 kleine Böller nebst einigen Leichtkugeln, um sich solcher in diesem Falle zu bedienen.

Der am 8^n d.M. mit der sächsischen Pontonbrücke in feindliche Gefangenschaft geratene Pontoniersergeant Arlt hatte sich ranzioniert und meldete sich heute auf hiesiger Festung. Nach dessen Angabe bestand die vom Feinde genommene Schiffbrücke aus 22 Pontons.

Abends gegen 8 Uhr hörte man auf der Ebenheit am Lilienstein einen Trompeter blasen, und sah man, daß sich hierauf eine Laterne dem Elbufer näherte und sich wahrscheinlich ein Parlamentär übersetzen ließ. Der Kommandant schickte sogleich einen Offizier mit einigen Jägern demselben bis Königstein entgegen. Es waren 2 östreichische Offiziers, wovon der eine einen Brief vom General …….[6] an den diesseits der Elbe kommandierenden General überbringen sollte.

Den 23n Oktober   Ein Kaiserlich östreichischer Capitaine meldete sich diesen Morgen um 8 Uhr als Parlamentär.

Er überbrachte dem Kommandanten einen Brief von General Feldzeugmeister Marquis von Chasteler aus Zehista, in welchen ihm dieser bekannt macht, daß den 16n, 17n, 18n und 19n die französische Hauptarmee total geschlagen worden sei und daß nach mehreren Nachrichten Se. Majestät der König von Sachsen in die Hände des Siegers geriet.

Er überschicke zugleich dem Kommandanten eine Abschrift der aus dem Hauptquartier der verbündeten Armeen über die gewonnene Schlacht erhaltenen Nachrichten.

Den 24n Oktober   Heute passierten 8 Schiffe mit Getreide, Heu und Stroh beladen auf der Elbe bei der Festung vorbei.

Den 25n Oktober   Um sowohl Se. Majestät dem König und dem Hrn. Generalleutnant von Gersdorf Nachrichten von der Festung zu geben, als auch eine Gewissheit in Betreff der wegen Se. Königlichen Majestät

---

[6] Leerstelle im Text, es wird kein Name genannt.

erhaltenen Nachrichten zu erlangen, schickt der Kommandant den Capitaine von Römer als Kurier in das Königliche Hoflager.

Derselbe ging zuvörderst an den General Feldzeugmeister von Chasteler nach Zehiste, den der Kommandant in einem besonderen Schreiben ersuchte, diesem Offizier eine Sicherheitskarte und weitere Direktion an den Ort seiner Bestimmung zu geben.

Um den Obersten von Haake, die von dem General Feldzeugmeister von Chasteler erhaltenen Nachrichten, so wie auch die ferneren Rapports, die Festung betreffend, mitzuteilen, schickte der Kommandant diesen Mittag einen Feldjäger nach Dresden ab. Er gab demselben ein offenes Schreiben mit, in welchem die Kommandanten der östreichischen und alliierten Truppen ersucht wurden, diesen Feldjäger ungehindert passieren zu lassen. Derselbe war jedoch von den Östreichern zurückgewiesen worden.

Nach eingegangenen Nachrichten war der am 15^n September von hier abgeschickte Zimmermann Johann Heinrich Schneider von den östreichischen Truppen aufgefangen worden. Der Kommandant schrieb heute wegen diesem Mann an den östreichischen General von Seethal und bat ihn, selbigen auf freien Fuß zu setzen, in dem er bloß von hier weggegangen sei, um wegen Erbschaftsangelegenheiten mit einem Verwandten in Neustadt zu sprechen.

Den 26^n Oktober   Der General von Seethal antwortete dem Kommandanten auf sein gestriges Schreiben und machte ihm bekannt, daß dieser Mann bereits entlassen wäre. Da sich aber erwarten ließ, daß hierinnen ein Irrtum in der Person stattfand, so schrieb ihm der Kommandant nochmals, indem er zugleich hinzufügte, daß dieser Schneider nicht zurückgekommen sei, sondern nach Böhmen transportiert worden wäre; er bat ihn übrigens nochmals, ihn auf freien Fuß zu setzen.

Die Kavallerieordonanz, welche gestern mit dem Capitaine von Römer von hier abgegangen war, kam zurück und brachte dem Kommandanten von letzterem ein Schreiben. Er hatte von dem General Feldzeugmeister von Chasteler seine Direktion über Töplitz, Eger nach Altenberg an den Fürsten Schwarzenberg erhalten.

Den 29^n Oktober   Ein russischer Offizier mit 2 Kosaken meldete sich Abends als Parlamentär. Er überbrachte dem Kommandanten von dem Russisch Kaiserlichen Generalleutnant und Befehlshaber des um Dresden stehenden Armeekorps Grafen von Tolstoi ein Schreiben, welchen eine Ordre von Se. Majestät dem König an den Kommandanten vom 22^n d.M. aus Leipzig beigefügt war und die Entlassung der auf der Festung detimierten Personen, als den Landrat von Norrmann, Stadtsyndikus Eichholz und Vize-Aktuar Krüger bestimmte.

Der Kommandant ließ diesen 3 Personen sogleich den Befehl Se. Majestät des Königs bekannt machen, so wie er auch den Grafen von Tolstoi die Freilassung derselben durch den zurückgehenden Parlamentär anzeigte.

Den 30^n Oktober   Ein östreichischer Parlamentär überbrachte dem Kommandanten von dem General Feldzeugmeister von Chasteler aus Zehista ein Schreiben, nach welchem letzterer wünschte, daß der Oberforstmeister von Oppel, welcher sich jetzt im Städtchen Königstein befindet, sich zu ihm nach Zehist begeben möchte, um mit ihm wegen mehrerer zu treffender Anordnungen mündlich sprechen zu können. Der Kommandant schickte diesen Offizier sogleich selbst zu dem Oberforstmeister von Oppel nach Königstein.

Der Oberstleutnant Raabe vom Königlich Sächsischen Artillerie Regiment kam nebst einem Adjutanten und unter Begleitung eines russischen Offiziers auf die Festung. Er überbrachte dem Kommandanten von dem Fürsten Repnin, Generalgouverneur in Sachsen, zwei Schreiben. In einem derselben machte dieser Fürst dem Kommandanten bekannt, daß nach dem, von den Verbündeten über die französische Armee erfochtenen Siege alle im Felde stehenden sächsischen Korps die französischen Reihen verlassen und sich an die Sieger angeschlossen hätten, um für die gemeinschaftliche Sache des Rechts und der Freiheit zu fechten.

Er fügt hinzu, daß er nicht zweifele, daß der Kommandant sowohl als die unter seinen Befehlen stehenden Truppen von gleichem Geiste beseelt wären, und daß er in Gewissheit, von den allerhöchsten Souveräns erhaltenen Befehle und Vollmacht bereit sei, von dem Kommandanten billige und den Verhältnissen angemessenen Eröffnungen anzuhören und nach Befinden sogleich anzunehmen.

Der Kommandant dankt dem Fürsten Repnin für die Mitteilung der militär und politischen Ereignisse und für das zuvorkommende Anerbieten. Er legte die mit den General Grafen Bubna abgeschlossene Konvention bei und bat um Approbation derselben. Er fügte hinzu, er habe die Überzeugung, der Fürst würde die Pflicht gegen seinen König und die Ehre seines Standes und der ihm anvertrauten Festung gewiß würdigen.

Das zweite Schreiben des Fürsten betraf die Entlassung der 3 auf der Festung befindlichen Arrestanten. Der

Kommandant setzte ich von der Freilassung derselben in Kenntnis.

Die eigentliche Ursache der Sendung des Oberstleutnants Raabe war, daß da die sächsische Artillerie Mangel an Munition hatte, der Kommandant einen Teil des hier vorrätigen Pulvers an dieselbe verabfolgen lassen möchte.

Der Kommandant beratschlagte sich deshalb mit den übrigen Stabsoffiziers und dem Kommandanten der hiesigen Artillerie und bewilligte, jedoch bloß für den alleinigen Bedarf der sächsischen Truppen an 100 Zentner und 14 Munitionswagen.

Ein Schreiben von dem Hrn. Generalleutnant von Gersdorf benachrichtigte den Kommandanten, daß der König nicht mehr in Leipzig sondern in Berlin sei.

Den 31n Oktober   Die drei Arrestanten, der Landrat von Norrmann, Stadtsyndicus Eichholz und Aktuar Krüger verließen heute die Festung.

Den 6n November   Der Premierleutnant Hirsch vom sächsischen Artillerie Regiment kam als Kurier von Leipzig an. Er war beauftragt, daß für das sächsische Truppenkorps bestimmte Pulver abzuholen. Statt der früher von dem Oberstleutnant Raabe verlangten 100 Zentner sollten auf die von hieraus mitzugebenden Wagen nur 50 Zentner Pulver und soviel als möglich Requisiten für die Armee geladen werden.

Der Leutnant Hirsch überbrachte zu gleicher Zeit dem Kommandanten vom dem Russisch Kaiserlichen Generalleutnant von Thielmann ein Schreiben, in welchem ihm dieser ersuchte den Capitaine von Römer von der Leib-

Grenadier-Garde von der Festung zu entlassen und ihn zur Dienstleistung beim Bataillon anzustellen.

Den 9n November Der K.K. östreichische Generalmajor Baron von Drechsel, welche die Belagerung des Sonnenstein kommandierte, kam auf die Festung, um diese zu besehen.

Die vom sächsischen Korps abgeschickten Pferde, welche die Munition und Requisiten von hier abholen sollten, trafen hier ein und bekamen in den Städtchen Quartier.

Den 10n November Der Leutnant Hirsch ging diesen Morgen mit seinem Transport zum sächsischen Korps ab.

Den 11n November Der K.K. östreichische Generalmajor Baron von Drechsel benachrichtigte den Kommandanten hiesiger Festung, daß Dresden kapituliert habe; die Besatzung gehe als Kriegsgefangene nach Östreich bis auf den Marschall St. Cyr und 400 Mann, die auf Parole nach Frankreich zurückkehren.

Vermöge dieser Kapitulation ist Sonnenstein zu übergeben.

Den 12n November Der Oberst von Haake wird ersucht, dem Kommandanten Nachrichten zukommen zu lassen.

Den 13n November Der Capitaine von Römer kam von der Reise zu Se. Majestät dem König zurück, überbrachte ein Allerhöchstes Belobigungsschreiben höchst ihrer Zufriedenheit mit der getroffenen Konvention wie in Hinsicht der Festung, ingleichen ein Schreiben vom Generalleutnant von Zeschau, in welchem er dem Kommandanten versichert, daß der König erkennt, daß die Festung und umliegende Gegend sich jetzt wohl befindet; so wie ein Schreiben vom Generalleutnant von Gersdorf, daß der Hauptmann von Rau sich eine andere Bestimmung wählen und unverzüglich nach Leipzig begeben solle.

Der Oberst von Haake benachrichtigte den Kommandanten, daß die Rapports an Se. Majestät den König durch den Generalmajor von Watzdorf nach Berlin überbracht werden.

Den 16ᵗᵉⁿ November Ging der Hauptmann von Rau erhaltener Weisung zu Folge von hier ab und begab sich nach Dresden, um wegen seiner weiteren Bestimmung Resolution zu erwarten.

Nachmittags ging der Hauptmann von Römer, welcher den Dienst als Platzmajor auf hiesiger Festung versehen, da der Russisch kaiserliche Generalleutnant Freiherr Thielmann auf dessen Ablösung angetragen, zum Regiment Leib-Grenadier-Garde.

Den 17ᵗᵉⁿ November Der K.K. östreichische General Feldzeugmeister Marquis de Chasteler wird ersucht zu genehmigen, die auf der Ebenheit am Lilienstein zerstreut herumliegenden Kanonenkugeln, Sandsäcke, Holzgerätschaften und auch ein Kanonenrohr, welches alles in Kot und durch die Witterung zu Schanden geht, nun mehro aufräumen und auf die Festung in Verwahrung bringen zu lassen. Ingleichen wird er ersucht, die auf dem Sonnenstein befindlichen beiden 18pfd.gen Kanonen, welche auf Befehl des Kaisers Napoleon dahin geschafft wurden, der Festung aber eigentümlich gehören, wieder anhero verabfolgen zu lassen, weil diese Kanonen späterhin bei üblen Wegen nicht zu transportieren sind.

Den 18ᵗᵉⁿ November Der Generalleutnant Freiherr von Thielmann benachrichtigt, daß er seines Orts zu allen behilflich und bereitwillig sein will, was er in den dermaligen Verhältnissen für die Festung zu tun im Stande sei. Zugleich ersucht nun um 150 Stück Jägerbüchsen, welche in Kisten auf der Festung eingepackt stehen, es sind diese Büchsen dem Ansuchen gemäß, so wie alle andern auf der Festung nicht selbst gebraucht werdende Armatur und Montierungsbedürfnisse zu Wasser nach Dresden gesendet werden.

Den 20n November Kam der Königlich preußische Premierleutnant von Oesfeld, überbrachte allerhöchste königliche Ordre, nach welcher alle Karten, Pläne und Zeichnungen, das Königreich Sachsen betreffend, an ihn übergeben werden sollten; es wurde diese Ordre unter Zuziehung des Ingenieurmajor von Rouvroy Genüge geleistet und dem Generalleutnant von Zeschau Meldung davon erstattet. Zugleich sind letzterem verschiedene eingegangene Briefe albschriftlich zugefertigt worden, und dabei gemeldet, daß die eingeführten neuen Feldzeichen auf der Festung zu tragen, bevor die allerhöchste Erlaubnis nicht eingeht, nicht erlaubt worden sind.

Der General Feldzeugmeister Marquis de Chasteler benachrichtigt, daß er über die auf dem Sonnenstein befindlichen 2 18pfd.gen metallnen Kanonen, welche der Festung eigentümlich gehören, nicht disponieren könne, weil die Kapitulation höchsten Ortes annulliert ist.

Den 23n November Mit höchster Genehmigung Se. Kaiserlich Östreichischen Majestät ist von dem Lilienstein Lager herab , auf der Fähre über die Elbe,

    1.   18pfd. Kanonenrohr auf die Festung

  103.   32pfd.ge leere Bomben bis in das Aussenwerk unterm Horn und

    2.   32pfd.ge Block Mortiers, wovon das Be-

schläge schadhaft und die Bolzen entwendet, bis in das Städtchen, wo sich dieselben auch befinden, gebracht wurden.

Den 23n November   Der Feldjäger Zschimmer, welcher am 8n Oktober in Dienstangelegenheiten nach Dresden gesendet wurde und wegen Sperrung des Weges erst den 25n November zurückkommen könne, traf ein, und überbringt ein Schreiben vom Obersten von Haake, in welchem bezeugt wird, daß er während dieser Zeit zu verschiedenen Behufen gebraucht worden, und sich bei allen Gelegenheiten sehr gut benommen habe.

Den 26n November   Das Justiz-Amt zu Pirna wird veranlasst, aus dessen Amtsbezirk 100 wohl auch noch mehr Untertanen auszuschreiben, welche den 30n huj. sich auf der Ebenheit am Lilienstein mit Schaufeln und Hacken einfinden sollen, um die daselbst befindlichen Schanzen zu demolieren.

Den 27n November   Der K.K. General Feldzeugmeister Marquis de Casteler wurde nochmals ersucht zu bewirken, daß die Festung ihre beiden 18pfd.gen Kanons vom Sonnenstein zurück erhalte.

Der Russisch Kaiserliche Generalleutnant von Thielmann trägt auf Absendung des Detachements Feldjäger, welche auf den Königstein sind, an, indem solche bei Formierung der leichten Infanterie von höchster Notwendigkeit wären. Es wird ihm hierauf die Antwort erteilt, daß zwar Feldjäger auf der Festung notwendig und sehr brauchbar, bei gegenwärtigen Umständen aber bei der Armee noch brauchbarer und nötiger wären. Der Kommandant glaube jedoch, den Abgang der Feldjäger eher ausdrückliche Erlaubnis Se. Majestät des Königs nicht gestatten zu dürfen, weshalb unverzüglich untertänigste Meldung erstattet wurde.

Den 28ⁿ November Der Königlich Sächsischen Landesregierung wird bemerkbar gemacht, daß auf den Dörfern hiesiger Gegend, vorzüglich in Struppen, Thürmsdorf, von einer Zeit zur andern einzelne Stücken Rindvieh fallen, so daß, da sich dieses Umfallen tagtäglich vermehrt, an einer um sich greifenden Viehseuche wohl nicht mehr zu zweifeln sein möchte. Besagter Regierung wird daher überlassen, diesfallsige Vorkehrungen zu treffen.

Den 3ⁿ Dezember Durch den Gerichtsvogt Krämer in Königstein ist in Erfahrung gebracht worden, daß Leute aus Schandau an der sich auf der Ebenheit am Lilienstein zerstreut herumliegenden Munition und Mortier Blöcken vergreifen und solche davontragen.

Der Bürgermeister Huebner in Schandau wird daher eranlaßt, diese Leute gerichtlich vernehmen und die weggetragene Munition auf die Festung bringen zu lassen, auch von dem Erfolg einige Nachricht anhero geben zu wollen.

3. Aus den Rapports des Obersten von Warnsdorff
   an den Generalleutnant von Gersdorff

Festung Königstein, den 18^{n} Septbr: 1813
Sonnabend Abends

Ganz gehorsamer Rapport

Ew: Hochwohlgebr: habe die Ehre, das schon erwähnte Verzeichnis, derer an die Kaiserl: Französische Artillerie, von der Festung abgegebenen Requisiten ganz gehorsamst zu überreichen, damit Hoch Dieselben bei einem etwaigen Antrage, noch mehr haben zu wollen, ihn besser abweisen können, damit versehen sind. Ich hoffe jedoch, daß Ew: Hochwohlgebr: nach der Art meiner Erklärung davon verschont bleiben werden.

Der Unterkommandant, Oberstleutnant von Zeschau, ist heute hier auf der Festung eingetroffen.

Die Stellung des Feindes, über Hohenstein nach Stolpen und Neustadt zu, ist immer noch die nämliche; von weiten hat man wieder Truppen von Bautzen herkommend marschieren gesehen; aus Schandau sind die Österreicher diesen Morgen um 6 Uhr abmarschiert, auch nach Stolpen zu. Sie haben gemeint: es würde Landwehr hinkommen.

Die Demolierung bei Hohenstein wird fortgesetzt, auch den gemachten Weg an so genannten Ziegenrück sollen die Feinde ungangbar gemacht haben.

Auf dieser Seite nach Kunnersdorf zu u.s.w. ist nichts vom Feinde zu merken.

Der Weg nach Dresden ist jetzt sehr sicher.

In und um Pirna stehen Kaiser: Garden und der General Walther ist diesen Abend in Struppen angekommen.

Für den Transport Salz danken wir untertänigst.
Was hat's für Not, wenn wir Mehl, Wasser und Salz haben!

Sonntags, den 19n Septbr: 1813
früh

Die Nacht ist ruhig gewesen, aber schlechtes Wetter haben wir diesen Morgen, so daß man nichts sieht.

Genehmigen Ew: Hichwohlgebr: die Versicherung meiner ausgezeichnetsten Hochachtung, mit welcher ich die Ehre habe zu sein   Ew: Hochwohlgebr:
Ernst von Warnsdorf

- - -

Verzeichnis derjenigen Requisiten, so von Seiten der Kaiserlich Königlichen Französischen Artillerie, sowohl von denen vom Hauptzeughause zu Dresden deponierten, als auch von hiesigen Vorräten bis zum heutigen Dato nach und nach verabreicht worden sind, als:

1) An Geschütz

4 Stück	18pfd.ge metallene	⌉
2 ''	12pfd.ge ''	⏐
2 ''	8pfd.ge ''	⏐ Kanons
6 ''	6pfd.ge eiserne	⏐
2 ''	4pfd.ge metallene*	⌋
4 ''	8pfd,ge ''	Haubitzen
4 ''	32pfd.ge ''	Mortiers

24 Piecen Summa; sämtlich mit Zubehör

2) An Munitionswagen

21 Stück diverse Kugel- und Grenadwagen*

3) An fertiger Munition

820 Stück	18pfd.ge Patronen mit Kugeln inkl.	
	20 Kartätschen	
224 ″	12 ″ ⎱ scharfe	
300 ″	8 ″ ⎰ Kugelschuss	
330 ″	4 ″* dergl.	
300 ″	8 ″ fertige Haubitzgrenaden	
40 ″	32 ″ fertige Bomben	
20 ″	18 ″ blinde Patronen zu Sackkartätschen	
54 ″	12 ″ dergl. inkl. 20 zu Sackkartätschen	
14 ″	8 ″ ⎱	
42 ″	6 ″ ⎰ blinde Patronen	
14 ″	4 ″ ⎰	
348 ″	8 ″ Haubitzladung à 1 und 1 $\frac{1}{2}$ ℔	
241 Zent.	90 ℔ Artillerie ⎱ Pulver	
28 ″	— ″ Infanterie ⎰	

4500 Stück Infanterie Patronen à $\frac{3}{4}$ Loth Ladung

4) An eiserner Munition

4200 Stück	8pfd.ge Haubitzgrenaden ⎱ nach Witten-	
1600 ″	48 ″ leere Bomben ⎰ berg	
364 ″	32 ″ leere Bomben	
250 ″	32 ″ fertige Bombenbränder	
20 ″	18 ″ ⎱ Sack-	
20 ″	12 ″ ⎰ Kartätschen	
50 ″	8 ″ ⎱ ordinäre Kanon-	
200 ″	6 ″ ⎰ Kartätschen	
100 ″	4 ″ dergl.*	

200 ″	8 ″	Haubitz Kartätschen
2 ″	32 ″	Leuchtkugeln

5) An Requisiten

650 Stück	Anzündebrändchen
3650 ″	Duchschlagebrändchen
268 ℔	Lunte
30 Stück	Mortier Ladungsbeutel
4 Oktanten	
2 Bleilote	
6 Zünder	
8 leinwandene Lappen	
32 Stück	Luntenverberger
20 ″	Brändchenpenals
20 ″	Brändchentaschen
26 ″	Durchstecher
2 ℔	Wachs
3040 Stück	Sandsäcke
9 ″	diverse Schußkasten
1400 ″	Flintensteine
6 ″	diverse kupferne Pulvermaße
2 ″	blecherne Trichter
1 ″	32pfd.ger Bränder Triebel
1 ″	8 ″ dergl.
2 ″	Schlägel dazu
8 pr.	Vorsteckärmel
34 Stück	Hebebäume
2 ″	große Hemmketten
3 ″	Haardecken à 9 Ellen lang
2 ″	Tragekasten mit Fächern zum Munitions-transport
1 ″	18pfd.ger Wischer

2 ″	18 ″	Setzer
2 ″	6 ″	″
8 ″	eiserne Ladestöcke	
8 ″	Mortier Bettungen, dazu	

2 Schraubenbohrer
8 Schraubenwinder
8 Schraubenzieher
250 Stück Batterieschrauben

6) An Lust Feuerwerk

26 Stück	1/2 pfd.ge versetzte ⎰	
13 ″	1/2 pfd.ge ordinäre	Raketen mit
28 ″	8 löthige	Stäben
153 ″	4 ″ ⎰	
244 ″	1 ″ ⎰	
246 ″	1/2 ″	Schwärmer
204 ″	1/4 ″ ⎰	
106 ″	deutsche Schläge à 1 ℔	

7) An Schanzzeug

150 Stück	eiserne Schaufeln
90 ″	Spitzhauen
3 ″	Zimmeräxte
18 ″	Holzäxte
3 ″	Beile
16 ″	Holzsägen
4 ″	Faschinenmesser

* von Hauptzeughaus Vorräten

Festung Königstein, am 17ⁿ Septbr: 1813

Benjamin August Sigismund Semder
Artillerie Capitaine

Festung Königstein den 21n Septbr: 1813
Dienstags Abends

Ganz gehorsamster Rapport

Ein Ordonanz-Offizier Se. Majestät des Kaisers Napoleon kam heute aus dem Hauptquartier Pirna zu mir auf die Festung, und war beordert, sich von mir geben zu lassen eine Konsignation, auf der Festung gegenwärtig befindlichen

1) des Personalis
2) der Vivres
3) der Artillerie und der Munition

Unbefangen habe ichs ihm gleich zugesagt, und in einiger Zeit darauf, nachfolgendes wie ich es Ew. Hochwohlgebr: gleichlautend übermache, eingehändigt.

Überdies habe ich ihm noch eine Konsignation gegeben, was die Festung schon an die Kaiserl: Französischen Truppen abgegeben habe

1) an Vivres und
2) an Artillerie und Munition

Ich hielt dafür: es sei zur rechten Zeit, dieses auch unverlangt beizulegen, um unser Unvermögen und unsere Freigebigkeit zugleich geltend zu machen.

Artillerie und Munition sind authentisch angegeben. Die Vivres aber sind politisch angegeben, doch so, daß selbst bei einer Revision à riqueur unsere Rechnungen und unsere Vorräte bestehen können.

Meiner Deklaration wurde noch beigefügt: daß ich ohne speziellen Befehl Se. Majestät des Kaisers, oder Se. Majestät meines Königs, weder ein Körnchen Pulver noch ein Körnchen Mehl weggeben würde.

Die Ursachen habe ich ihm angeführt, und waren ihm einleuchtend.

Vorige Nacht hat man uns abermals — und wieder fruchtlos — ein dergleichen Schiff zugeschickt, nun ist noch zu den andern Vorsichtsmaßregeln eine Kette quer über die Elbe gezogen worden.

Unsere Pontoniers haben sich vorzüglich gut bei diesen Wasser-Attacken benommen.

Drei Mann von der Festungs-Garnison, die auf Sauvegarde in Pfaffendorf waren, haben auch heut Mittag ein Gefecht mit den Östreichern, vielleicht 20 Mann, bestanden. Diese zogen ab, weil sie mehr im Dorfe glaubten, meine drei Mann hielten sich auch nicht auf und kamen glücklich zurück.

Pfaffendorf stößt gleich am Königstein an, und es sollte mich wundern, wenn das Städtchen nicht noch einen nächtlichen Besuch bekommen sollte.

Es sind zwei Kompanien von meiner französischen Besatzung drin, und Wachfeuer am Fuße des Berges laß ich in Menge unterhalten.

In Kunnersdorf sind die Östreicher gestern und heut in kleinen Trupps gewesen, und haben Pferde und Geld requiriert, doch nicht viel.

Das ist ihr gewöhnlicher Schlupfwinkel, ohnerachtet die Wege von daher verhauen sind. Im Ganzen und im Großen ist nichts Veränderliches passiert.

Genehmigen Ew: Hochwochgebr: die Versicherung meiner ausgezeichnetsten Hochachtung, mit welcher ich die Ehre habe zu verbleiben

Ew: Hochwohlgebr:

Ernst von Warnsdorf

- - -

Verzeichnis der Lebensmittel, wie solche ult. September 1813 bei der Festung Königstein vorrätig sein werden:

1274 Zent.	— ℔	ordinäres Mehl
14 ʺ	13 ʺ	Weizen- und
45 ʺ	— ʺ	weißes Kornmehl

Ferner

108 Zent.	— ℔	Reis
100 Scheffel	— Mz	Erbsen
20 ʺ	— ʺ	Graupen
32 ʺ	— ʺ	Heidegrütze
62 Stück		Schlachtochsen
260 Zent.	— ℔	Pökelfleisch
70 ʺ	— ʺ	Speck
110 Scheffel	— Mz	Salz
50 Zent.	— ℔	Tabak
120 Eimer	— Kan	Branntwein und
26 ʺ	— ʺ	Weinessig

Extrahirt Festung Königstein am 21n Septbr: 1813

Johann Gottlieb Marschner

- - -

Ew: Hochwohlgebr: verfehle nicht hierdurch ganz gehorsamst anzuzeigen, daß die Weinvorräte auf hiesiger Kellerei in   478 Eimern und 53 Maß   bestehen.

Festung Königstein am 21n Septbr: 1813

Johann Gottlieb Siebert

- - -

Spezifikation von den auf der Festung Königstein annoch befindlichen Geschütz und Munition

1) An Geschütz

4 Stück	48pfd.ge	Mortier
4 ″	32 ″	dergl.
4 ″	8 ″	Haubitz
18 ″	24 ″	Kanon
2 ″	18 ″	dergl.
5 ″	6 ″	dergl.

2) An fertiger Munition

120 Zentner	Artillerie	
442 ″	Infanterie	
2 ″	Pirsch	Pulver, inkl. des vom Haupt-
72 ″	Exerzier	zeughause zu Dresden
15 ″	Mehl	allhier deponierten
5 ″	Lauf	
10 ″	rondiertes	
666 Zentner	Summa	

100 Stück	24pfd.	à 8 ℔ Ladung	
111 ″	24 ″	3 und 2 ″	
40 ″	18 ″	6 ″	
450 ″	12 ″	5 ″	scharfe
48 ″	12 ″	1 1/2 ″	Kugelschuß
1100 ″	8 ″	3 1/4 ″	
805 ″	6 ″	2 ″	
104 ″	6 ″	2 ″ konische	
106 ″	6 ″	2 ″	Kartäschenschuß
841 ″	24 ″	8 ″	
1000 ″	12 ″	5 ″	blinde
420 ″	8 ″	3 1/4 ″	Schuß
200 ″	6 ″	2 ″	

120 ″	8 ″	1 ¹/₂ ″	Haubitz-
150 ″	8 ″	12 Loth	Ladungen
81 ″	Leuchtkugeln		
56 ″	Brennender Stein		
56 ″	Karkassen		

3) Eiserne Munition

8844 Stück	24pfd.	Kanonenkugeln
3950 ″	18 ″	″
933 ″	16 ″	″
2803 ″	12 ″	″
3849 ″	8 ″	″
2074 ″	48 ″	Bomben
3551 ″	32 ″	″
800 ″	8 ″	Haubitzgrenaden
2609 ″	4 ″	fertige Handgrenaden
15343 ″	diverse leere	″

Festung Königstein, am 21n Septbr: 1813

Capitaine und Artillerie
Kommandant der Festung
Königstein

B.A.S. Semder

- - -

Verzeichnis der Lebensmittel, welche die Festung Königstein zur Verfügung der kaiserlich königlich französischen Truppen außerhalb der Festung von dem zur bestimmten Subsistenz bereits unzureichenden Vorrate schon abgegeben, und zwar:

1266 Zentner	88 $^1/_2$ ℔		Mehl
20 ″	96 $^1/_2$ ″		Reis
11 Scheffel	15	Metzen	Graupen
25 Zentner	28	℔	Fleisch
5 Scheffel	8	Metzen	Salz
22 Eimer	37	Kannen	Branntwein

Festung Königstein, am 21n Septbr: 1813

Johann Gottlieb Marschner

———

Festung Königstein den 4n Oktbr: 1813

Montags früh

Gestern Abend ist annoch die Ablösung des hier in Garnison gestandenen französischen Bataillons vom 40sten Linien-Regiment durch ein Bataillon vom 27sten Linien-Regiment erfolgt. Das abmarschierte Bataillon hat seinen Weg nach Dresden genommen.

Das ankommende Bataillon war schon um 5 Uhr hier vor der Festung, allein ich konnte sie nicht ehender einrücken lassen bis jene nicht abmarschiert waren.

Der Major des abgehenden Bataillons hatte nicht Lust die Nacht zu marschieren, und wendete ein, er könne seine außenstehenden Posten in so kurzer Zeit nicht an sich ziehen.

Der Kommandant des ankommenden Bataillons hatte keine Lust, vor der Festung zu biwakieren.

Mir war es gleich eins, wie sie übereinkommen wollten, da ich keine spezielle Ordre deshalb hatte.

Halb 8 Uhr kam die wiederholte Ordre, daß das hier gestandene Bataillon marschieren solle, und es geschah.

Wir haben insoweit dabei gewonnen, weil das neue Bataillon nicht so stark ist.

Sobald ich selbst den Etat und die Situation desselben haben werde, will ich nicht verfehlen, es Ew: Hochwohlgebr: zuzustellen.

Mit der zweiten Garnison, so wie mit der ersten, bin ich gut durchgekommen, es wird mit der dritten auch gehen.

Beide Garnisons sind ungern abgezogen, ohngeachtet sie wenig Ruhe und vielen Dienst gehabt.

Gestern war auch ein Ordonanz Offizier vom Kaiser hier - Comte St. Marsan - um sich nach denen Verhältnissen in und um die Festung genau zu erkundigen.

Wir haben ihn in allen nach guten Gewissen bedient.

Die feindlichen Vorposten hat er ringsherum mit eigenen Augen und mit dem Perspektiv gesehen, sie haben sich wenig verändert.

Genehmigen Ew: Hochwohlgebr: die Versicherung meiner vollkommensten Hochachtung

Ernst von Warnsdorf

27ᵉ Regiment de ligne
3ᵉ Bataillon

Etat nominatif - Les officiers du dit bataillon

Mʳ	Ganduer	Major
ʹʹ	Delporte	Chef de bataillon
ʹʹ	Cabata	Adjud. Major
ʹʹ	Loiseau	Aide major
ʹʹ	Comtain	Sous aide
ʹʹ	Guilliaumé	Capitaine
ʹʹ	Barat	ʹʹ
ʹʹ	Mossé	ʹʹ
ʹʹ	Bopp	ʹʹ
ʹʹ	Brittot	ʹʹ
ʹʹ	Bourqiun	ʹʹ
ʹʹ	Lagout	Lieutenant
ʹʹ	L'homme	ʹʹ
ʹʹ	Colombier	ʹʹ
ʹʹ	Mather	ʹʹ
ʹʹ	Bagua	Souslieutenant
ʹʹ	Letté	ʹʹ
ʹʹ	Guingard	ʹʹ
ʹʹ	Altare	ʹʹ
ʹʹ	Haba	ʹʹ
ʹʹ	Lemarche	ʹʹ

Certifié par Capitaine

Mather

———

16e Brigade Provisoire
4e Bataillon du 40e Regt de ligne

Situation sommaire du dit Bataillon a l'époque du 3. Sep-
tembre 1813

Major, Commandant la 1/2 Brigade	1
Chef de Bataillon	1
Adjutant major	1
Officiers	14
Troupes	460
Total	479

Certifié par l'Adjudant charge du détail du bataillon

Huverue

- - -

Mr	Charrier	Major
ʼʼ	Noiret	Lieut. Colonel
ʼʼ	Berey	Adjud. Major
ʼʼ	Leblanc	Capitaine de Grenadiers
ʼʼ	Lebeuffe	Capitaine
ʼʼ	Simoneau	Capitaine des Voltigeurs
ʼʼ	Laquir	Lieutenant
ʼʼ	Demarest	ʼʼ
ʼʼ	Mouphous	ʼʼ
ʼʼ	Douard	ʼʼ
ʼʼ	Bumbelsberger	ʼʼ
ʼʼ	Nanquit	Sous Lieutenant
ʼʼ	Cabaret	ʼʼ
ʼʼ	Heslin	ʼʼ
ʼʼ	Vallet	ʼʼ
ʼʼ	Brisbard	ʼʼ
ʼʼ	Friedrich	Adjud. Sousofficier
ʼʼ	Ansray	ʼʼ

4. Die im Text genannten sächsischen Offiziere und (soweit feststellbaren) Offiziellen (Datum der Patents)

Blaßmann, Johann Franz; Rechnungsführer der Schatulle, Kammerdiener

Block, Peter Ludwig Heinrich von; Hofrat ohne Session, Inspektor des grünen Gewölbes

Bünau, Rudolf von oder Heinrich von; leichtes Regiment von Sahr, Major (??.??.1813)

Einsiedel, Georg Graf von; außerordentlicher Gesandter und bevollmächtigter Minister am Kaiserl: Französ: Hofe, Kammerherr

Gersdorff, Carl Friedrich Wilhelm von; Chef des Generalstabes, Generalleutnant (30.06.1812)

(Haake) **Hake**, August Wilhelm von; Sous-Inspecteur aux Revues, Oberst (28.07.1812)

Hirsch, Johann Baptista Joseph; Artilleriekorps, Premierleutnant (20.04.1810)

Kühnel, Carl Gottlieb; Pontonier-Komanie, Capitaine (07.09.1810)

Liebenau, Friedrich Christian von; Regiment Prinz Friedrich, Oberstleutnant (08.03.1813)

Marcolini, Se. Exzellenz Camillo Graf; Ober-Stallmeister, wirklicher geheimer Rat und Kämmerer, Direktor der Porzellan-Manufaktur, General-Direktor der Künste und Kunst-Akademien in Sachsen

Marschner, Johann Gottlieb; Proviant-Verwalter beim Festungs-Magazin zu Königstein

(Norrmann) **Normann**, Friedrich Wilhelm Heinrich von; Kreis-Landrat im Kottbusser Kreis

Nostitz, Gustav von; Adjoint im Generalstab, Capitain der Infanterie (30.10.1812)

Odeleben, Ernst Otto Innozens Freiherr von; Adjoint im Generalstab, Major der Kavallerie (17.03.1813)

Oppel, Carl Gottlob von; Oberforst- und Wildmeister zu Cunnersdorf, Kammerherr

Raabe, Gustav Ludwig Ferdinand; Artilleriekorps, Oberstleutnant (27.01.1813)

Rau, Carl Ferdinand von; Assistent der Plankammer, Capitaine (10.11.1811)

Römer, Joseph von; Regiment Leib-Grenadier-Garde, Capitaine (17.07.1812)

Rouvroy, Carl August Gabriel; Ingenieurkorps, aggr. Major (06.02.1811)

Semder, Benjamin August Siegismund; Artilleriekorps, Capiataine (10.12.1802)

Siebert, Johann Gottlob; Kellerei-Böttcher, Kellerei auf dem Königstein

Watzdorf, Carl Friedrich Ludwig von; Inspekteur général aux Revues, Generalmajor (25.04.1811)

Zeschau, Heinrich Wilhelm von; Divisions-General, Generalleutnant (25.02.1810)

Zeschau, Balthasar Siegmund von; Regiment Prinz Max, Oberstleutnant (13.02.1810)

———

Fortsetzung Gärten von S. 31: 24 - Gemeiner Boland; 25 - Gemeiner Horn; 26 - Gemeiner Lehmann; 27 - der Wehe-Mutter; 28 - ist frei; 29 - Tambour Franke; 30 - frei; 30ᵃ - Zeug-Diener; 31 - Artillerist Köhler; 32 - Gemeiner Vogt; 33 - Artillerist Lembe; 34 - Gem. Andrä; 35 - Gem. Winckler; 36 - Art. Lembe; 37 - Gem. Kunze; 38 - dem Schieferdecker; 39 Gem. Neumann; 40 - Gem. Billiger; 41 - Gem. Schladebach; 42 - dem Knecht; 43 - Gem. Kühnel; 44 - dem Profos; 45 - dem Schlosser; 46 - dem Maurer Polier; 47 - dem Artillerie-Fourier; 48 - dem Fleischer

5. Quellen

Hauptstaatsarchiv Dresden, Bestand

11372 Militärgeschichtliche Sammlung, Nr. 328

11339 Generalstab Nr. 146

Königlich-Sächsischer Hof- und Staats-Kalender - Leipzig 1813

Stadtwiki Dresden - Heinrich August von Warnsdorf
(https://www.stadtwikidd.de/wiki/Heinrich_Ernst_August_von_Warnsdorff)

Stamm- und Rangliste der Köln: Sächsischen Armee auf das Jahr 1813 - Dresden 1813

Tyroff - Wappenbuch der königlichen, großherzoglichen und herzoglich sächsischen Staaten / VIII.Band - Nürnberg 1859

Abbildungen:

Abb. 01   Tyroff

Abb. 02   Landesamt für Denkmalpflege Sachsen (Plan sammlung) 000178 3 S2F10, Gartenanlagen 09.03.1813

Abb. 03   Haupstaatsarchiv Dresden, Bestand 11372 Nr. 328

Bei BOD sind in dieser Reihe an Berichten und Tagebüchern für die Zeit 1812/13 bisher u.a. erschienen:

No.21 Das Tagebuch von Ernst Ferdinand Aster aus dem Jahre 1812

No.22 Das Tagebuch von Friedrich Ernst Aster aus dem Jahre 1812

No.26 Friedrich Vollborn (III) 28.03.1813 bis 15.03.1814

No.34 Friedrich Vollborn (IV) 16.03.1814 bis 02.01.1816

No.37 Johann Carl v.Dallwitz (18.02.1812-10.09.1815) und Adolf George v.Göphardt (14.05.-22.09.1813)

No.40 Friedrich Vollborn (I+II) 16.04.1808 bis 27.03.1813

No.41 Friedrich Gottlieb Probsthayn – Das Tagebuch vom 14.05.1813 bis 29.09.1814

No.42 Die sächsischen Chevauxlegers-Regimenter (I) – Schriftstücke zum Feldzug von 1812

No.43 August Friedrich Wilhelm von Leysser – Die Erinnerungen des Kommandeurs der Garde du Corps 1812

No.45 Carl Friedrich Ferd. Böhme: Tagebuch 2te Periode (I) 21.06. bis 09.11.1812

No.46 Carl Friedrich Ferd. Böhme: Tagebuch 2te Periode (II) 10.11.1812 bis 11.05.1813

No.47 Zur Geschichte der Sächsischen Leib-Grenadier-Garde (I): 14.08.1813 – 14.11.1813

No.57 Journale, Tagebücher, Befehle (I): Johann Adolph von Zezschwitz 17.07. - 27.07.1812 und Heinrich Christian von Klengel 30.07.1812 - 28.02.1813

No.58 Carl August Becker: Tagebuch 28.03.1812 - 21.09.1812

No.59 Heinrich Carl Ferdinand Friedrich von Hausen: Tagebuch und Briefe 01.01.1812 - 02.02.1814

No.60 Journale, Tagebücher, Befehle (II): Journale und Rapporte 01.01.1813 - 09.03.1813

No.68 Maximilian von Schreibershofen: Erinnerungen 1805 - 1815

No.69 Friedrich Maximilian von Mandelsloh: Erinnerungen (I) 1803 - 1812

No.70 Friedrich Maximilian von Mandelsloh:
Erinnerungen (II) 1812 - 1814

Abb. 03   Deckblatt der Abschrift von 1844